LE FRÈRE
ET LA SOEUR

par F. Villars

LILLE
L. LEFORT, ÉDITEUR

LITH. BOLDODUC FRÈRES A LILLE

LE FRÈRE

ET LA SŒUR

In 8° 3ᵉ Série. Ⓒ

Elle entendait un bruit de feuilles et de branches cassées, et, détournant la tête, elle aperçut un sanglier.

LE FRÈRE

ET LA SOEUR

ESQUISSES HISTORIQUES — XIVᵉ SIÈCLE

Par F. VILLARS

DEUXIÈME ÉDITION

LIBRAIRIE DE L. LEFORT

IMPRIMEUR ÉDITEUR

LILLE | PARIS
rue Charles de Muyssart | rue des Saints-Pères, 30
PRÈS L'ÉGLISE NOTRE-DAME | J. MOLLIE, LIBRAIRE-GÉRANT

M D CCC LXV

1865

73323

LE FRÈRE

ET LA SOEUR

I

Nous sommes dans la seconde moitié du XIVe siècle.

Une chaude journée d'été venait de s'écouler ; le soleil s'était couché dans un lit de pourpre et d'or, et une demi-teinte grise et mélancolique enveloppait un de ces paysages uniformes, tels qu'on en rencontre souvent en Bretagne, et dont les horizons perdus dans les vapeurs, font pressentir l'Océan.

Les grands bœufs rentraient en mugissant dans leur étable ouverte, les troupeaux revenaient après avoir pâturé l'herbe que les fougères n'avaient pas pu empêcher de croître. Les villageoises préparaient le modeste repas de la famille, tandis que les hommes rentraient les instruments de labourage. Toute la campagne présentait un aspect doux et paisible, qui repose l'âme en substituant aux préoccupations personnelles et égoïstes des pensées d'un ordre plus relevé et plus digne d'une créature qui sait qu'elle ne fait que traverser cette vie pour arriver à une vie meilleure.

Le village de la Roche-Terrien, où commence cette histoire, était bâti au pied d'une colline, ou, pour parler plus exactement, d'un monticule peu élevé, dont le sol, composé en partie de sable et de pierres, nourrissait un maigre végétation d'herbe courte et sèche, entremêlées de bruyères, d'ajoncs et de quelques arbustes rabougris. Vers le sommet, cependant, une disposition particulière du terrain, ou peut-être une source d'eaux vives qui en se réunissant formaient un ruisseau, avait favorisé la croissance d'arbres plus vigoureux au travers desquels on apercevait la demeure seigneuriale.

Quoique, en général, le pays fût plat, néanmoins, par delà les grandes plaines qui formaient le premier plan du paysage, quelques ondulations capricieuses se présentaient à l'œil, et tantôt se courbant comme si un niveau eut passé dessus pour les effacer, tantôt relevant leur tête, se terminaient dans un horizon éloigné par un mont majestueux que surmontait un édifice dont le clocher et sa petite croix annonçaient une maison de prières : c'était l'abbaye du Mont-Saint-Michel.

Tout au bout du village, sur la porte d'une maisonnette de pauvre apparence, un enfant pâle, chétif, l'air ennuyé, les traits tirés et amaigris, regardait une petite fille qui, un balai à la main, s'en donnait à cœur joie de travailler et d'approprier le sol devant la rustique demeure. Le garçon paraissait âgé de dix ans au plus, et la fillette de douze; mais c'était tout au contraire lui qui en avait douze, et elle dix.

Bientôt, tout en balayant et ramassant parfois de petits morceaux de bois qui se trouvaient sur sa route et qu'elle allait porter soigneusement dans un coin de la chambre, la petite fille se mit à chanter un air si vif, si gai, qu'on aurait dit d'une alouette célébrant le réveil du jour. Le petit garçon parut prendre intérêt à ce joli chant d'oiseau; le plaisir se peignit sur ses traits qui perdirent leur expression vague et ennuyée; il hésita, regarda derrière lui, et se voyant seul s'avança dans la rue.

« Où as-tu appris cette chanson sans paroles, Marthe? dit-il à la petite.

— Dans les grands bois où je suis allée hier faire un fagot, répondit l'enfant en riant.

— Dans les grands bois? As-tu donc vu la fée Morgane? est-ce elle qui t'a enseigné cela? ne t'a-t-elle fait aucun mal?

— La fée Morgane! dit Marthe en haussant les épaules. Il n'y a point de fées, Julien; il y a seulement dans les bois de beaux petits oiseaux à qui Dieu donne le chant pour langage entre eux, et ce sont ces oiseaux qui m'ont appris ce que je chante.

— Cependant tu sais que Bernard le forgeron a été attiré par les fées en traversant la forêt, qu'elles lui ont promis des monts d'or s'il voulait se donner à elles pour leur jurer obéissance; tu sais que, sur son refus, elles lui ont arrachée tout son argent et fait prendre un bain dans le lac. Le pauvre homme est rentré avec sa sayette toute trempée.

— Oui, dit Marthe en riant, je sais qu'il avait imaginé cette fable pour que la Josette, sa femme, ne le grondât pas

de s'être enivré et d'avoir perdu dans sa route l'argent qu'il
était allé chercher à Saint-Michel.

— Et le grand Guillaume, qui il y a deux ans ne possédait pas un denier, et qui maintenant est un des plus riches
du village, nieras-tu qu'il ait vendu son âme au sorcier
Menzou, qui n'est autre que Satan déguisé?

— Point du tout; le grand Guillaume, outre André que
nous connaissons, a un fils qui est soldat dans l'armée de
monseigneur le Dauphin; il a fait prisonnier un Anglais qui
lui a donné une bonne rançon dont il a envoyé la moitié à
son père. Menzou, qui en a eu connaissance je ne sais comment, espérait tirer de l'argent de Guillaume en lui annon-
çant, comme dépendant de sa puissance, un événement heureux et qui, disait-il, ne lui arriverait que s'il le payait bien.

— Oh! tu veux toujours tout expliquer, toi!

— Et toi, mon frère, tu es toujours prêt à croire à toutes
les fables. Si, comme moi, tu avais suivi les instructions du
bon P. Urbain, tu saurais que la créance en ces choses-là
est une superstition, et qu'il n'y a ni fées ni sorciers.

— Tu es donc une savante, Marthe?

— Oh que non, loin de là! mais le bon Père qui s'est
plu à m'apprendre à lire et à écrire en m'enseignant les saintes
vérités de notre religion, m'a mis entre les mains des livres
où j'ai trouvé de bons conseils et de précieuses instructions.
Ah! si seulement je pouvais lire plus souvent! mais j'ai trop
d'ouvrage pour cela.

— Oui; et moi qui aurais si bien le temps, je ne le sais
pas, et je suis là à m'ennuyer du matin au soir.... quand tu
n'es pas là, Marthe.

— Pauvre Julien! Oh! moi aussi, cela m'ennuierait bien
d'être toute la journée sans rien faire. Notre mère t'empêche
de travailler de peur que tu ne te fatigues, de t'amuser de

peur que tu ne te fasses mal ; cependant le P. Urbain croit que tu grandirais et te fortifierais si tu faisais comme les autres. C'est peut-être à cause de tout le mouvement que je me donne, que je suis devenue grande et forte. Vois-tu bien, Julien, je ne suis presque jamais assise et j'ai toujours envie de remuer. »

En disant cela, et pour joindre la preuve aux paroles, Marthe se mit à sauter à cloche-pied d'un air si réjoui que Julien n'y put tenir ; il fit comme elle et rit aux éclats de sa maladresse. Mais le pauvre enfant, peu habitué à un exercice aussi violent, ne tarda pas à être pris d'un accès de toux. Une porte s'ouvrit au fond de la chaumière; une femme entra, et courant à Julien avec des marques de frayeur, le fit rentrer en disant : « Mais tu veux donc me faire mourir ! Rester à la rue, si tard, risquer de prendre un gros rhume !

— Je jouais avec ma sœur, dit Julien un peu confus.

— Oui ; c'est-à-dire que c'est elle qui t'aura appelé et excité à me désobéir.

— Mais non, je t'assure que c'est moi seul....

— Tais-toi, tu es toujours prêt à l'excuser et à prendre sur toi toutes ses fautes! Elle était là à s'amuser au lieu de préparer le souper. Elle sait cependant que ta santé exige la plus grande régularité dans nos pauvres repas et qu'il faut que tu te couches de bonne heure ; mais que lui importe? »

Marthe parut sur le point de parler pour se justifier ; mais elle se retint.

« Allons, continua sa mère, que faites-vous là à regarder les étoiles? rentrez, et faites du feu pour la soupe. »

Marthe obéit, et allait fermer la porte quand un nouveau personnage apparut. C'était un moine aux traits vénérables, à la physionomie douce et sereine.

« On se dispute ici, dit-il en entrant. Raison de plus

pour que j'arrive et que je vous dise : La paix du Seigneur
soit avec vous ! Quoi, Jehanne, toujours chagrine ! Qu'à
donc fait ma petite protégée Marthe ? rien de bien noir, j'en
suis assurée. »

Marthe jeta sur le bon Père un regard reconnaissant.

En ce moment son frère toussa deux ou trois fois.

« Voilà ce qu'elle a fait, dit la mère, dont le visage, qui
s'était radouci quand le moine était entré, se rembrunit de
nouveau. Vous l'entendez. J'étais sortie un instant pour chercher au jardinet un peu de serpolet dont Julien aime l'odeur ;
elle en a profité pour l'entraîner dans la rue ; le serein a
tombé sur lui, et le voilà qui tousse !

— Si vous ne teniez pas votre fils si renfermé, répondit
le moine, l'air un peu raffraîchi d'une belle soirée d'été, au
lieu de lui faire mal, lui serait très-favorable. Je vous ai
dit souvent, continua-t-il en s'approchant de Jehanne et
baissant la voix pour n'être entendu que d'elle, que vous
donneriez à Julien la plus mauvaise santé par vos soins exa-
gérés et mal entendus. Les enfants, voyez-vous, c'est comme
les plantes : il leur faut l'air et la lumière, les renfermer
c'est les étioler.

— Hélas ! messire Urbain, vous savez que j'ai failli le
perdre de la maladie qui m'a enlevé son père. Sans vous,
sans vos bons soins, il ne serait plus en vie. Quand je pense
à cela, je suis encore folle de crainte et de douleur, et il
me semble que mon fils n'est en sûreté qu'à mes côtés. D'ailleurs, il n'est pas comme les autres enfants, et ce qui les
fait vivre le ferait mourir.

— Vous le croyez et vous vous trompez ; mais je perds
mon temps à vouloir vous persuader. J'ai autre chose à vous
dire. Vous savez que monseigneur Bertrand à l'occasion de
son mariage avec Mme Tiphaine Raguenel, a accordé des

grâces à ses serfs dans tous ses domaines. Je n'avais rien demandé pour vous parce que, à cette époque, votre mari vivait encore et pouvait gagner la subsistance de sa famille ; aujourd'hui que vous êtes veuve, c'est différent ; vous avez bien de la peine à joindre les deux bouts en filant de la laine, et de plus, c'est sur la pauvre Marthe que tombent les corvées quand elle ne trouve pas une bonne âme pour l'en exempter en prenant sa place. Or, j'ai eu affaire à Rennes, ces temps-ci, et je suis allé jusqu'à la Motte-Broons présenter mes respects à messire Bertrand. J'ai profité de cette occasion pour parler de vous, et j'ai obtenu deux grâces : exemption de la corvée, et permission d'habiter désormais gratuitement cette chaumière.

— Oh ! s'écria la veuve transportée de joie, vous êtes notre bon ange !

— Maintenant, dit le P. Urbain, accordez-moi aussi une faveur. Marthe est remplie d'intelligence et du désir de s'instruire ; déjà par mes soins elle a appris à lire nos manuscrits ; je veux, de plus, lui enseigner à les écrire. Si je réussis, sa science pourra être pour vous tous une source d'aisance, parce que je lui donnerai des copies à faire qui lui seront bien payées. Envoyez-la-moi donc un jour chaque semaine.

— Vous me demandez de consentir à ce qui est de votre part un nouveau bienfait. Que ferai-je donc pour vous témoigner toute ma reconnaissance ?

— Si vous vous croyez mon obligée, vous traiterez Marthe un peu plus doucement, et vous laisserez Julien prendre sa part de soleil. Vous êtes une brave femme, Jehanne, mais un peu têtue, un peu têtue ! Adieu, mes enfants. J'attendrai Marthe mardi prochain, et tous les mardis. »

II

Comme on a pu le voir, Julien et Marthe étaient les enfants d'une pauvre veuve qui, par une partialité qu'expliquait sans la justifier sa sollicitude pour un fils qu'elle avait failli perdre en bas âge, rejetait sur sa fille les travaux les plus fatigants de la campagne, pendant qu'elle-même s'occupait du ménage, pour ne pas perdre un instant de vue son favori, qu'elle n'eût osé exposer ni à la pluie ni au soleil. Tandis que Marthe menait la vache à la pâture, arrangeait sa litière, ensemençait et bêchait le petit coin de terre attenant à leur chaumière, le pauvre Julien restait avec sa mère, inoccupé, ennuyé. Si parfois il lui prenait des velléités de courir avec sa sœur ou d'aller voir les autres enfants du village, sa mère manifestait de si vives craintes qu'il renonçait à son projet pour ne pas l'affliger. Puis, peu à peu, à force d'entendre dire que telle ou telle chose permise aux autres enfants le rendrait malade, il en était venu à tout appréhender et à devenir presque aussi circonspect que sa mère. Le résultat de cette conduite peut facilement se deviner : pendant que Marthe croissait, robuste et vivace comme une plante des montagnes, Julien perdait de jour en jour ses forces et la fraîcheur de l'enfance ; son caractère contractait quelque chose de triste, de mélancolique, d'indécis, qui se reflétait sur sa physionomie. Quand il était près de sa sœur si vive, si enjouée, si franchement résolue, on aurait dit qu'ils avaient changé de costume et que les rôles étaient intervertis. Tous deux avaient un excellent cœur ; Marthe y joignait un jugement précoce, une intelligence prompte et déjà avancée, grâce aux soins du P. Urbain. Le frère et la sœur s'aimaient d'une vive affection, et certes, cela faisait l'éloge de Marthe, qui, si elle eût été moins bonne et moins raisonnable, aurait pu être jalouse des préférences de sa mère pour Julien.

L'aimable enfant n'y songeait seulement pas. Quand elle revenait du travail et rentrait à la chaumière, elle y ramenait la joie et la bonne humeur. S'asseyant alors auprès de son frère, elle lui racontait les mille incidents de sa journée : c'était la Grise qui, par un caprice subit, avait couru à travers champs et qu'il avait fallu rattraper ; c'était un bain de pieds pris dans le ruisseau ; le passage de quelques oiseaux qu'elle ne connaissait pas ; ou encore, le blé, qui avait levé, les arbres qui se feuillaient. Marthe avait toujours quelque chose à dire pour amuser son frère. Les jours où elle allait à l'abbaye de Saint-Michel, c'était encore mieux. Douée d'une excellente mémoire, elle lui répétait les instructions du P. Urbain, et l'entretenait ainsi des événements du dehors, auxquels sa vie isolée le rendait complétement étranger.

Un jour elle put lui apprendre une grande nouvelle : le suzerain de la Roche-Terrein, messire Bertrand, allait habiter le château avec sa nouvelle épousée. Une autre fois Marthe conta qu'elle avait été rencontrée par la châtelaine elle-même qui, passant près d'elle, l'avait arrêtée pour lui demander son nom et lui avait recommandé, en lui donnant une petite tappe sur la joue, d'être toujours bien sage.

Peu de temps après, un malheur inattendu frappa les

deux enfants : leur mère tomba malade et leur fut subitement
enlevée. Julien avait alors quinze ans, et sa sœur treize. La
jeune fille, déjà grande, forte et raisonnable comme une
femme, renfonça courageusement ses larmes et ne s'appliqua
qu'à donner à Julien l'exemple de la résignation : elle se
promit de continuer la tâche de sa mère en protégeant son
frère, et raffermit son cœur par la pensée du devoir.

Il fut heureux pour elle alors d'avoir été élevée à une rude
école, car elle était capable, par sa force physique, d'être le
soutien de son frère, tandis que son intelligence et son jugement la rendaient également apte à lui servir de conseil et de
guide. Le P. Urbain avait semé en bon terrain. Marthe était,
avant tout, sincèrement religieuse, et son père spirituel lui
avait appris que la religion doit être un principe actif qui
répand son influence sur toute la vie.

Sa tendresse, ses soins presque maternels eurent une heureuse influence sur l'adolescent. Convaincue que le système
de réclusion employé pour Julien était précisément ce qui nui-
sait à sa santé, elle l'habitua tout doucement à sortir avec elle
et lui fit faire de petites courses que de jour en jour elle
étendait davantage. Elle le menait aussi chez des habitants du
village dont elle connaissait la bonne réputation. Julien y
était distrait, amusé ; il se lia principalement avec un jeune
garçon de son âge nommé André, et peu à peu Marthe vit avec
joie sa sauvagerie se dissiper et son caractère se modifier en
prenant quelque chose de plus viril. En même temps sa santé
devint meilleure ; il grandit et se fortifia. En la regardant,
Marthe était à la fois joyeuse et triste.... triste parce qu'elle
pensait à sa mère qui eût été si heureuse de le voir ainsi !

Le P. Urbain venait souvent voir les orphelins qu'il aidait
de sa bourse et de ses conseils. Grâce à lui Marthe savait
écrire, science rare et précieuse au moyen-âge ! Il lui apportait

de temps en temps quelque copie à faire sur les feuilles de
parchemin qui, à cette époque, remplaçaient le papier dont
on ne connaissait pas encore l'usage. Pendant que Marthe tra--
vaillait, Julien, assis près d'elle, faisait des filets, dont il
trouvait la vente à Rennes. Sa sœur ne lui permettait pas
une longue application à son ouvrage; elle l'envoyait au jardin
soigner ses fleurs, ou au village visiter son ami André.

Un jour, Marthe sortit pour aller ramasser du petit bois et
des branches sèches pour la provision d'hiver. Le froid était
assez piquant, et elle ne voulut pas être accompagnée par son
frère. « Tu viendras à ma rencontre, lui dit-elle. » Marthe
allait loin; mais jamais il ne lui serait venu à l'esprit d'avoir
peur de quoi que ce fût. Elle arriva à la forêt, y entra, ra-
massa les débris dont le vent et la saison déjà avancée avaient
jonché le sol; puis, liant son fagot avec quelques tiges souples,
elle le prit et se disposait à revenir quand elle entendit des
clameurs retentir au loin. En même temps un bruit de feuilles,
de branches cassées par la précipitation qu'un être quelconque
mettait à traverser un fourré de bois, lui fit tourner la tête, et
apercevoir non pas une créature humaine, mais un animal
féroce, un sanglier qui, entouré, forcé par des chasseurs,
avait débusqué de ce côté et se dirigeait, l'œil ardent, vers la
jeune fille. Marthe était résolue et courageuse; sa présence
d'esprit ne l'abandonna pas en ce moment critique: elle se
trouvait au pied d'un chêne; sans hésiter elle l'entoura de
ses bras et grimpa aussi habilement qu'un mousse aurait pu le
faire. En moins d'une minute elle avait atteint une branche
assez élevée pour se trouver à l'abri. Heureusement le sanglier,
en sortant du fourré, s'était arrêté un instant, soit qu'il hésitât
sur le chemin qu'il devait prendre, soit qu'il eût besoin de
respirer après une course précipitée: ce temps d'arrêt permit
à Marthe d'atteindre son refuge et la sauva. Du haut de son

arbre elle vit l'animal reprendre sa course et s'enfuir; quelques minutes après elle vit passer les chasseurs et les chiens ardents à la poursuite; puis tout disparut, le silence se fit; cependant il s'écoula un assez long temps avant que Marthe osât bouger. Enfin, quand elle crut n'avoir plus rien à craindre, elle se disposa à descendre avec précaution. Mais il était dit que ce jour-là tous les malheurs fondraient sur elle. A son premier mouvement pour quitter la branche protectrice, celle-ci se rompit, tomba et entraîna la jeune fille dans sa chute. Quand elle voulut se relever, elle ressentit une douleur si vive au pied, qu'elle vit bien qu'il était foulé. Néanmoins le désir d'éviter à son frère l'inquiétude que lui causerait son absence prolongée, lui donna la force de se remettre en route et de supporter les douleurs atroces que la marche lui causait. Elle revint sans avoir rencontré Julien, qui malheureusement s'était trompé de chemin. Quand il rentra, il trouva sa sœur étendue par terre et sans connaissance.

De ce temps là, date une époque de souffrances et de privations pour les deux orphelins, car la foulure de Marthe, aggravée par une marche forcée, et compliquée par une fièvre ardente, la retint pendant deux longs mois faible et malade dans son lit. Pour comble de malheur, il ne fallait pas compter sur le P. Urbain: il était venu peu de jours auparavant faire ses adieux à ses protégés; une mission de son supérieur l'envoyait au loin, et il devait être absent longtemps. Les voisins vinrent en aide; mais, à l'exception du grand Guillaume, père d'André, ils étaient plutôt dans le cas de recevoir que de donner, et quant à Guillaume lui-même, il était si avare, qu'il résista à toutes les supplications de son fils en faveur de son ami.

A force de réfléchir sur la triste position des deux orphelins, André ne trouva pas d'autre moyen pour l'adoucir, que dē la faire connaître au château. Dès le lendemain il avait trouvé moyen, en se postant près de la demeure seigneuriale et en liant conversation avec quelques varlets, de parler de l'accident de Marthe. L'un de ces domestiques en parla par hasard à son maître, un des hôtes du châtelain, et ce seigneur se trouva précisément être un des chasseurs du sanglier, cause de tout le mal. Précisément ce jour-là on servit au dîner une hure du sanglier, dont la vue lui rappela l'anecdote, et il la conta entre deux aventures de guerre qui en firent aussitôt perdre le souvenir.

Mais une personne l'entendit et ne l'oublia point; et le lendemain, Marthe, en se réveillant, trouvait à son chevet une jeune femme, qu'elle prit d'abord pour un ange, qui la regardait d'un air doux et compatissant. Depuis, chaque matin, madame Tiphaine vint passer quelques instants dans la chaumière, et elle s'attacha si bien à sa protégée, qu'aussitôt que Marthe fut rétablie elle la prit avec elle en qualité de suivante. En même temps le jeune Julien était admis parmi les varlets de messire Bertrand, et recevait par les ordres de son maître le complément d'éducation que comportait l'époque : il apprenait à tirer de l'arc, à se servir d'une arme, à monter à cheval. Cependant il ne suivit pas son seigneur dans les guerres que celui-ci entreprit contre Charles le Mauvais, roi de Navarre. Messire Bertrand le trouvait encore trop faible, trop délicat. Il le laissait au château, ce que le jeune homme trouvait fort dur et fort injuste. Il arriva enfin une circonstance si favorable pour acquérir de la gloire, et Julien se montra si désolé à la seule idée de ne pas partir, qu'il obtint la permission de suivre son seigneur.

Il s'agissait d'aller en Espagne, détrôner Pierre le Cruel et mettre à sa place Henri de Transtamare.

Avant de parler de cette guerre et des motifs qui y déterminèrent, le roi de France Charles V, nos lecteurs nous pardon-
neront de faire passer sous leurs yeux quelques pages historiques qui ne seront pas déplacées ici.

III

Depuis saint Louis, le royaume de France avait été possédé
par sept princes. Le premier fut Philippe III, dit le Hardi,
prince juste et pieux auquel on ne peut reprocher qu'une faiblesse de caractère qui l'entraîna à bien des fautes. C'est
sous son règne qu'eut lieu le massacre que les Siciliens firent,
le jour de Pâques pendant les vêpres, de tous les Français qui
étaient venus s'établir en Sicile avec Charles d'Anjou, frère de
saint Louis. Philippe le Bel, successeur du Hardi, remplit son
règne du bruit de ses querelles avec le Saint-Siége. Le procès
et la condamnation du célèbre ordre des Templiers en occupèrent plusieurs années.

Après lui ses trois fils, Louis X, Philippe V dit le Long,
Charles IV surnommé le Bel, passèrent rapidement sur le
trône, ne laissant que peu de souvenirs de leur règne. Ils
moururent sans postérité, et la couronne passa dans la maison
de Valois, sur la tête de Philippe, petit-neveu par les hommes
de Philippe le Bel, et sans égard aux prétentions d'Edouard
III, roi d'Angleterre, qui en était le petit-fils, mais par les
femmes. Ainsi fut appliquée la loi salique.

Philippe de Valois, parvenu au trône à l'âge de trente-six
ans, était un prince intrépide au combat, mais d'une humeur

capricieuse et irritable. Ses guerres avec les Anglais furent désastreuses pour la France. Il perdit contre eux la bataille de Crécy et la ville de Calais, immortalisée par le dévouement d'Eustache de Saint-Pierre et de ses compagnons. Cette ville importante par sa situation leur ouvrit les portes du royaume.

En compensation, la France vit se réunir à elle l'antique patrie des Allobroges et des Voconces: Humbert II, seigneur du Dauphiné, n'ayant point d'héritier direct, céda à Philippe sa province pour lui appartenir après sa mort, à la condition de recevoir de ce roi la somme de cent vingt mille francs en or. En outre, il fut stipulé que, pour honorer la nouvelle province française, les fils aînés des rois porteraient à l'avenir le titre de Dauphin.

C'est vers cette époque qu'on entendit parler pour la première fois d'une des plus grandes calamités dont il soit fait mention dans nos annales. L'épidémie qu'on a appelée *la peste noire*, ou quelquefois la peste de Florence, en raison du mal qu'elle fit en cette ville, avait commencé ses ravages en Egypte et en Syrie, et s'était répandue ensuite en Occident.

Aucun pays ne fut à l'abri de la contagion; elle s'étendit successivement en Italie et dans la Grèce, en Angleterre, dans la Hollande, en Allemagne et en France. Partout le fléau s'annonçait par des pluies torrentielles et par d'effroyables tremblements de terre. Aussitôt qu'une ville était envahie, on voyait flotter au-dessus de ses maisons un brouillard épais qui paraissait renfermer des miasmes délétères. Le mal commençait par une fièvre très-violente qui était suivie de délire. La langue et le palais devenaient livides, le corps se couvrait de taches noires; la science ne connaissait aucun remède, aucun palliatif à cette terrible maladie, et la plupart des pestiférés expiraient en vingt-quatre heures. « Il y eut cette année 1348, dit Nangis dans ses Chroniques, et dans les

deux suivantes, une telle mortalité en France, qu'on suffisait
à peine à ensevelir les corps. C'étaient plutôt les jeunes hommes que les vieillards qui étaient pris. Leur maladie durait
rarement plus de deux à trois jours ; le plus souvent ils
mouraient subitement, tandis qu'on les croyait encore sains
et saufs.... On n'avait jamais entendu, jamais vu, jamais lu
que, dans les temps anciens, une telle multitude de gens fût
morte. En beaucoup de lieux, sur vingt hommes il n'en
restait pas deux en vie. »

· Cent mille individus périrent à Venise ; Florence fut temoin
d'une destruction pareille ; deux cent mille personnes suc-
combèrent à Londres ; à Vienne, en Allemagne, on vit mourir
sept personnes sur dix ; à Paris, cinq, six, huit mille habitants étaient décimés chaque jour par le fléau ; et, dans
l'Hôtel-Dieu, la mortalité fut si grande, que pendant longtemps, tous les matins, on voyait emporter cinq cents morts
au cimetière des Innocents. Le terrain manquant pour enterrer
les corps, on fit bénir un autre cimetière hors de la ville
pour servir au même usage. Bientôt cela ne suffit plus et on
fut obligé de creuser de grandes fosses où l'on entassait les
morts par centaines. Le continuateur de Nangis parle de la
charité des religieuses qui desservaient l'hospice. « Ces saintes
filles, dit-il, ne craignaient pas de s'exposer à une mort certaine en soulageant les pauvres ; elles les assistaient avec une
patience et une humilité admirables. Il fallut renouveler leur
communauté à plusieurs reprises, à cause des ravages que fit
la contagion. »

Et certes, elles avaient du mérite ; car il fallait tout l'hé-
roïsme que donne la religion pour braver les atteintes de ce
mal affreux, qui engendrait autour de lui un autre mal plus
grand encore, l'égoïsme. « On voyait le fils abandonner son
père, le frère fuir son frère, chacun n'étant occupé que du

soin de sa propre conservation. Tous les liens étaient rompus.
« Chacun portait à la main, dit Bocace, des herbes dont
l'odeur forte pouvait, disait-on, préserver de la contagion ;
mais partout on respirait un air infecté qui rendait tous les
remèdes inutiles, et on voyait disparaître et porter sur la même
civière la femme et le mari, le père et ses enfants. Oh ! que
de belles maisons restèrent vides ! que de fortunes sans héri-
tiers ! Plusieurs s'enfermaient, se nourissaient avec une extrême tempérance, sans vouloir entendre aucune nouvelle des
malades, se divertissant de musique ou d'autres plaisirs, et
espérant éloigner le mal en n'y arrêtant pas leur imagination ;
d'autres, au contraire, assuraient que la meilleure médecine
était de boire, d'aller chantant et se moquant de tout.... L'au-
torité des lois divines et humaines était comme dissoute.
Plusieurs, par une pensée cruelle et prudente, disaient que la
fuite était le seul remède possible, et alors, ne s'inquiétant
plus que d'eux-mêmes, ils laissaient là leur pays, leurs
biens, leur famille, leurs demeures, et s'en allaient à la campagne, où la colère de Dieu savait bien les précéder ! »

A ce triste tableau tracé par un auteur contemporain,
ajoutons seulement qu'il faut constater que cette grande cala-
mité, étendue sur tout le monde alors connu, enleva en
trois années *le tiers du genre humain*.....

Dans ce naufrage de tant d'existences, le pape Clément VI,
qui habitait Avignon, se signala par son dévouement à la
cause de l'humanité. Il ne prodiguait pas seulement ses secours spirituels aux malades, mais encore il dépensait en
charités de toute espèce tout ce qu'il possédait. Dans sa ville
tous les pauvres étaient soignés à ses dépens, et ce fut lui
qui supporta les frais d'ensevelissements, si considérables
lorsqu'ils s'appliquaient à une immense population.

Il fut remarqué plus tard que quelques lieux où l'on avait

fait brûler de grands amas de genièvre et d'autres bois aroma-
tiques avaient été épargnés, ces fumigations chassant probablement les miasmes délétères qui occasionnaient le mal.

L'année 1350 vit heureusement cesser ce terrible fléau,
et Clément VI, pour en détourner les esprits et apporter un
remède spirituel aux maux qu'on avait soufferts, publia le
jubilé. Dès l'an 1343, il avait donné une première bulle qui
réduisait l'indulgence centenaire à cinquante ans. Vers la fin
de 1349, une deuxième ordonnance vint renouveler la mémoire de la précédente, et des lettres furent adressées à tous
les évêques de la chrétienté pour les avertir qu'à la prochaine
fête de la Nativité de Notre-Seigneur, on pourrait gagner l'indulgence plénières en visitant les églises de Saint-Pierre, de
Saint-Paul et de Saint-Jean-de-Latran. Clément VI ordonnait
en outre à tout le clergé d'exhorter le peuple, à qui, par
des lettres du souverain Pontife aux magistrats, aux gouverneurs des villes, aux seigneurs et aux princes, il fut
donné toute facilité de voyager partout.

Bien que la contagion n'eût pas encore tout à fait cessé en
Europe, le concours à Rome fut prodigieux ; on voyait, sur
toutes les routes, une multitude de pèlerins, d'hommes et de
femmes de toute condition. Le froid qui fut extrême en cet
hiver, les neiges, les glaces, les chemins rompus, rien ne
les détournait de leur pieux pèlerinage. Les hôtelleries n'étant
pas suffisantes pour loger tant de monde, souvent des groupes
passaient la nuit sur les routes ou sur les rues, chantant les
louanges du Seigneur. On n'entendait jamais ni bruit ni que-
relle parmi eux ; la paix de Jésus-Christ avait passé dans
leurs cœurs, et une pacification générale semblait s'être étendue sur tous les pays chrétiens.

Le jubilé de 1350 fut un des événements les plus mémorables
du moyen âge et consola l'Eglise de beaucoup de traverses.

Philippe de Valois régna 29 années. Il laissa en mourant la France humiliée par l'Angleterre, décimée par la peste, et ruinée à la fois par le fisc et par la guerre.

Le règne de son fils Jean le Bon fut encore plus malheureux. Fait prisonnier par les Anglais à la célèbre bataille de Poitiers, il livra, pour se racheter, les plus belles provinces de son royaume. Pendant sa captivité, la France fut déchirée par les factions et par la Jacquerie, réunion de paysans auxquels s'était mêlée bientôt la lie du peuple des villes. La guerre civile, les intempéries, la famine engendrèrent une épidémie, qui, en 1361, exerça d'affreux ravages et rappela la peste noire de 1348. Charles le Mauvais, roi de Navarre, faillit se rendre maître de la personne du Dauphin et de la ville de Paris, dont Etienne Marcel, prévôt des marchands, lui ouvrait les portes, et qui sauvée par Maillad.

Charles V, successeur de Jean son père était un prince prudent, habile, ami de la paix, et qui prit à cœur de réparer, par une administration sage et éclairée, les maux que la France avait endurés. Le plus cruel de tous, parce qu'il était le plus persistant, consistait dans l'établissement, permanent dans le royaume, de ce que l'on appelait *les grandes compagnies*.

Dans les guerres que le roi Jean avait eues à soutenir, de même que, plus tard, dans la lutte du Dauphin contre le roi de Navare et contre les paysans révoltés, les gens d'armes fournis par les grands vassaux n'avaient pas suffi à défendre la couronne; il avait fallu appeler comme auxiliaires les hommes libres pour qui la guerre était une profession, dont l'épée se vendait à quiconque voulait la payer, et qu'on prenait à solde avec des conditions déterminées. Or, comme d'après le droit féodal on ne pouvait obliger les vassaux et les arrière-vassaux qu'à un service de quarante jours, il est clair que, lorsque la guerre était de longue durée, l'armée

ne se composait presque que des aventuriers soldés. La paix
conclue successivement avec l'Angleterre, la Bretagne et la
Navarre, laissait sans occupation ces routiers, qui reçurent
l'ordre de retourner dans leur pays. Mais cet ordre était plus
facile à donner qu'à faire exécuter. Les grandes compagnies,
bien établies en France, n'avaient nulle envie de quitter un
pays où leur force et leur nombre leur permettaient de tout
entreprendre; aussi les vit-on piller les châteaux, détrousser
les voyageurs, ravager les campagnes, et commettre partout
des meurtres et des crimes dont le seul récit glaçait d'effroi
les populations. On ne pouvait songer à les détruire par la
force; il eût fallu des subsides, et comment en lever sur un
peuple déjà si accablé? Quelques chevaliers courageux avaient
essayé de leur opposer les milices bourgeoises, mais elles
furent facilement détruites. Charles V chercha donc un
moyen d'éloigner ces brigands du territoire français, et il
le trouva avec l'aide d'un noble chevalier breton, le plus
brave, dit-on, de tous les braves qui se firent remarquer à
cette époque, où le courage et la vaillance étaient choses si
communes.

IV

Le mari de Tiphaine Raguenel, Bertrand du Guesclin, était né en 1322, dans le château de la Motte-Broons, près de Rennes; on a conservé pendant trois siècles la chambre où sa mère le mit au monde. Enfant, il était si rude et d'humeur si sauvage, qu'il se faisait craindre et détester de tous ses frères, dont il était l'aîné, et de ses camarades de jeux. En outre, son extérieur n'avait rien d'agréable : il était mal conformé et petit de taille; son regard était hardi, de même que son langage; il était colère, irritable, et ne se faisait pas faute de frapper ses professeurs. « Il n'y a pas de plus mauvais garçon au monde, disait sa mère : il est toujours blessé, le visage rompu, toujours battant ou battu; son père et moi nous le voudrions voir sous terre. »

Un jour que la dame du Guesclin se disposait à le punir sévèrement pour une de ces incartades accoutumées, elle en fut détournée par l'arrivée d'une de ses amies, religieuse d'un couvent voisin. Etonnée de l'émotion qui se peignait sur le visage de la châtelaine, elle lui en demanda la cause, et apprit ainsi tous les méfaits de l'enfant, qui avait alors dix à douze ans. « Voyons donc, dit la religieuse, ce petit coq qui chante si haut. » Et elle s'approcha de Bertrand, qui, croyant qu'elle venait pour se moquer de lui, leva son bâton sur elle. Mais, sans s'émouvoir de ce geste, elle vint tout près de lui, le considéra longtemps, puis tout à coup l'embrassa et le caressa en pronostiquant à sa mère étonnée qu'il serait un jour l'appui de sa famille et la gloire de la chevalerie. Le jeune garçon, qu'aucun mauvais traitement n'avait pu réduire, montra qu'il n'avait pas cependant un cœur tout à fait insensible ; son bâton s'échappa de sa main, et ses yeux, fixés sur la religieuse, brillèrent d'un tel éclat de grandeur, que sa mère en fut frappée et conçut une espérance qu'elle n'avait pu avoir jusque-là.

Dès ce jour, elle montra plus de considération pour son fils, qui de son côté fit voir un heureux changement dans son caractère. Sa conduite n'eut plus rien de répréhensible qu'une vivacité, un feu qu'il ne pouvait toujours vaincre. Il prit goût à l'étude, mais ses lectures favorites le reportaient toujours aux conquêtes d'Alexandre et de César. Quand il entendait le récit de quelque aventure guerrière, ses yeux s'animaient, et il s'écriait avec enthousiasme : « Quand je serai grand, moi aussi je veux faire parler de moi ! »

En attendant, il s'appliquait à tous les exercices, et acquérait par ces jeux la force et la souplesse du corps. Il apprit successivement à tirer de l'arc, à se servir de la hache, de l'épée et de la lance, ensuite à monter à cheval, à lutter, à sauter. A quatorze ans, essayant de mettre ses leçons en pratique, il forma un régiment d'une centaine d'enfants de son âge, s'en fit le général et le partagea en campagnies. Il les rangeait en ordre de bataille, soit infanterie, soit cavalerie, leur enseignait des marches et contre-marches, et même simulait des assauts, au moyen de petits forts qu'il construisait au besoin lui-même avec ses soldats, et qu'il faisait attaquer et défendre.

V

Bertrand avait à peine seize ans lorsque le bruit d'une lutte courtoise, qui devait avoir lieu à Rennes, lui occasionna une tentation si forte, qu'il s'échappa de la maison paternelle, dans l'espoir, sinon d'y concourir, du moins d'y assister. La première personne qu'il rencontra en sortant du château, fut un valet qui conduisait une charrette attelée de deux juments, dont l'une était sans selle, sans bride et sans fers. Bertrand saute dessus; et, sans autre équipage qu'une corde pour licou, il prend aussitôt le chemin de Rennes, où il descend chez un oncle, frère de son père, dont il connaissait la faiblesse pour lui.

Il n'avait eu garde de parler de la lutte; cependant, comme on le connaissait, on jugeait bien qu'il tâcherait de s'y trouver. On l'enferma pour le retenir à la maison, mais rien n'y fit, et bientôt il courait où ses goût l'appelaient. Il regarda d'abord assez tranquillement les combattants s'escrimer: mais l'un d'eux ayant vaincu douze des plus forts lutteurs et s'attirant par là les regards et les applaudissements des spectateurs, Bertrand se sentit tout à coup si piqué et si jaloux de son triomphe, que s'élançant dans l'espace de terrain choisi pour la lutte, il déclara vouloir combattre. Le vainqueur marcha à lui d'un air de mépris non déguisé ; mais il trouva son maître et se vit arracher par un enfant le prix qu'il croyait déjà à lui.

Quelques années après, le jeune Bertrand obtint une gloire plus réelle dans le tournoi qui eut lieu à l'occasion du mariage de Jeanne la Boiteuse, héritière du duché de Bretagne, avec Charles de Blois.

Le prix proposé était un diamant de grande valeur, qu devait être remis au vainqueur par la duchesse de Penthièvre.

La noblesse de Bretagne fit publier le tournoi par toute la France et en Angleterre, de sorte que, quand il eut lieu, les plus braves gentilshommes des deux nations s'y rencontrèrent.

Le seigneur du Guesclin, père de Bertrand, ne manqua pas de s'y rendre dans un somptueux équipage. Il laissa son fils au manoir ; mais on peut aisément juger qu'il n'y resta pas longtemps. Aussitôt que son père et sa suite furent hors de vue, il courut aux écuries, où, en fait de chevaux, il ne trouva plus qu'une pauvre haridelle qu'on avait dédaignée et dont il s'empara faute de mieux. Arrivé à Rennes aussi vite que sa monture le lui permit, il parvint à se faire faire place au premier rang parmi les spectateurs du tournoi. Quand les combattants parurent montés sur des chevaux pleins de feu et richement harnachés, son cœur battit vivement.

La lice était entourée d'échafauds ornés de tapis, de bannières, de banderolles et d'écussons ; les campagnes aux environs étaient couvertes de riches tentes et de pavillons. Une foule de ménétriers, avec toutes sortes d'instruments d'une musique guerrière, annonçaient par de bruyantes fanfares l'arrivée des chevaliers. Les gradins étaient occupés par des dames richement vêtues et d'un haut rang, dont les cheveux ou les hauts chapels terminés en pointes étaient ornés de dentelles, de perles, d'or et de pierreries. Parmi elles en remarquait la reine de la fête, Jeanne, dont les grâces du visage et la bienveillance rachetaient le défaut de conformation.

Les chevaliers faisaient parader avec adresse leurs coursiers devant la jeune souveraine et sa cour. Beaucoup d'entre eux portaient un gage d'affection et de servage attaché à leur bras ou suspendu à leur armure. C'était un voile, une écharpe, un ruban, ou encore un bracelet, une enserre, un bijou quelconque accordé par la dame de ses préférences.

Chaque coup de lance ou d'épée extraordinaire, tout avantage remarquable était célébré par les sons éclatants des trompettes et par les voix des hérauts d'armes, qui faisaient retentir à plusieurs reprises le nom du vainqueur.

A chacun de ces incidents, le cœur de Bertrand, ce cœur formé pour la gloire, tressaillait d'impatience et d'émotion; il s'indignait de rester oisif devant tant de beaux faits d'armes. Enfin un incident vint le servir.

Il vit un gentilhomme qui, ayant fourni les courses fixées par les juges, quittait les rangs et se retirait dans sa tente. Bertrand l'y suivit, se jeta à ses genoux, se nomma, et le supplia avec tant de chaleur de lui prêter un cheval et des armes, que le gentilhomme, à qui d'ailleurs le père du jeune écuyer était connu, consentit à sa demande et lui fournit ce qu'il demandait.

Au comble de la joie, notre héros, bien équipé, entre dans la carrière et se met en rang. Bientôt son tour arrive, un champion se présente pour le combattre, et par deux fois il est vaincu.

Le seigneur du Guesclin se présente dans la lice pour fournir la seconde course; mais Bertrand, reconnaissant son père à son écu et à sa cotte-d'armes, s'arrête court, baisse sa lance et s'incline profondément devant son adversaire. Cet acte de courtoisie fut généralement attribué à la réputation du seigneur du Guesclin, qui passait pour être un des plus vaillants et des plus redoutables chevaliers qu'il y eût.

Après lui se présentèrent plusieurs champions que Bertrand défit successivement. Des éloges et des acclamations retentissaient de toutes parts, et on se demandait quel pouvait être ce jeune héros qui faisait vider les arçons à des chevaliers si renommés. La curiosité générale fut satisfaite. A la quinzième course, Bertrand, toujours victorieux, se vit enlever sa visière par un coup de lance. Il fut reconnu, nommé par plusieurs personnes. Son père courut à lui avec vivacité et le serra dans ses bras en pleurant de joie.

Toute la noblesse vint le féliciter; le prix du tournoi fut adjugé à Bertrand par les mains de Jeanne de Penthièvre, et il fut conduit à la cathédrale, et de là dans la salle du festin.

Dès lors le père de Bertrand cessa de combattre la vocation guerrière de son fils; et on vit le jeune Breton prendre une part active à la lutte ouverte entre Charles de Blois, époux de Jeanne la Boiteuse, et Jean de Montfort, dont Édouard d'Angleterre soutenait le parti. Il donna des preuves de la plus brillante valeur à Nantes et à Rennes. Il fut remarqué pour la première fois au siège de Melun par le dauphin régent qui régna depuis sous le nom de Charles V. « En ce temps, dit Froissart, s'armoit un chevalier de Bretagne qui s'appeloit messire Bertrand du Guesclin, et dont le bien de lui et la prouesse étoient grandement connus entre les chevaliers qui le hantoient au pays de Bretagne. »

Un peu plus tard, Charles V se souvint du pauvre et hardi Breton qu'il avait vu combattre si vaillamment à Melun.

A Cocherel, Bertrand fit preuve de science militaire, et dut la victoire autant à son habileté comme tacticien qu'à son courage comme homme de guerre. On approchait du jour où devait avoir lieu le sacre de Charles V. « Pour l'amour de Dieu, dit du Guesclin à ses compagnons, souvenez-vous que nous avons un nouveau roi de France et qu'il faut que sa couronne soit étrennée ! »

Le captal du Buck, brave capitaine gascon, que Charles le Mauvais, roi de Navarre et le plus implacable ennemi des Valois, avait envoyé contre du Guesclin, fut battu et fait prisonnier. La nouvelle de la victoire de Cocherel arriva à Reims la veille du sacre et inaugura dignement le règne de Charles V. A son retour à Paris, ce prince donna à du Guesclin, comme récompense de ses services, le comté de Longueville, héritage de Philippe de Navarre ; il le créa, en outre, seigneur de Pontorson et maréchal de Normandie [1].

Bertrand était marié à cette époque ; il avait épousé Tiphaine Raguenel, une damoiselle noble de cœur comme de naissance, et qui lui avait apporté de grands biens.

Il reconnut les bienfaits de son roi par de nouvelles victoires sur Charles le Mauvais, et l'aida à dissiper la Jacquerie, réunion de paysans armés dont le nombre était devenu formidable et qui faisait trembler le roi sur son trône. Bertrand les défit en plusieurs rencontres. Il ne fut pas si heureux dans ses efforts pour soutenir la cause du comte de Blois, qui perdit la vie à la bataille d'Auray, laissant son duché à son compétiteur le comte de Montfort.

A cette même bataille, Bertrand fut fait prisonnier ; il fut racheté presque aussitôt, par son souverain qui avait trop besoin de ses services pour s'en passer longtemps.

[1] Chroniques de Cuvelier. 1364.

VI

Bertrand seul en effet était capable, à l'aide du prestige de son nom et de sa vaillance, de mettre à la raison les terribles bandes armées qui désolaient le royaume. Ce n'étaient plus seulement des voleurs et des aventuriers qui les composaient; on les voyait incessamment s'accroître par l'arrivée d'un grand nombre de chevaliers, de gentilshommes, et même de seigneurs de distinction; la plupart, il est vrai, cadets de famille et sans patrimoine, et qui, accoutumés à la guerre, y cherchaient une occupation conforme à leurs habitudes et à leurs goûts [1].

Charles V confia à du Guesclin le soin d'ouvrir des négociations avec les principaux chefs des compagnies. Muni d'un sauf-conduit, le hardi chevalier se rendit à leur camp, à Châlons-sur-Saône.

En route il avait mûri son projet.

« Amis, leur dit-il lorsqu'il eut été admis en leur présence, nous avons assez fait pour damner nos âmes; vous pouvez même vous vanter d'avoir fait plus que moi! Maintenant, faisons honneur à Dieu, et le diable laissons [2]. »

[1] Histoire de France, par Gabourd.
[2] Chroniques de Froissart.

Alors il leur expliqua son projet, et leur proposa d'aller, sous son commandement, faire la guerre en Espagne, où le roi dom Pèdre et Henri son frère se disputaient la couronne de Castille.

Il leur promit pour cette expédition, de la part du Roi, deux cent mille florins d'or, et de la part du Pape, l'absolution de leurs péchés pour eux et pour toute l'armée ; « car, leur dit-il, don Pèdre le meurtrier est devenu don Pèdre le rénégat, et il a couronné tous ses crimes par une alliance avec les Maures qui renient Jésus-Christ ; c'est donc une croisade que je vous propose, et il vous en reviendra certainement beaucoup de mérite devant Dieu, beaucoup d'honneur devant les hommes et, par-dessus le marché, beaucoup de richesses. »

Ce langage était de nature à être compris par ceux à qui il s'adressait et à leur plaire ; d'ailleurs, tous connaissaient de réputation le chevalier du Guesclin et n'étaient pas insensibles à la gloire de combattre sous un pareil chef.

Ils prêtèrent donc l'oreille à ses propositions, et le premier jour du mois suivant fut pris pour le départ.

Bertrand revint en Bretagne pour faire ses préparatifs et emmener les gens à sa solde. C'est alors que notre jeune Julien le supplia de lui permettre de partir avec lui, et qu'il obtint cette autorisation si désirée.

Hors de lui de joie, il courut aussitôt apprendre son bonheur à Marthe, qui fut loin d'éprouver le même sentiment que lui. Cependant elle ne trouva rien à objecter à une décision si naturelle. La jeunesse d'alors ne s'illustrait, n'acquérait honneurs et richesses que par les combats ; point d'autre carrière ne lui semblait possible, et il fallait qu'un homme fût vieux ou invalide pour être laissé à son champ quand son seigneur levait l'étendard de la guerre. Or Julien était jeune ; sa santé, sans être robuste, était bonne ; d'ailleurs Bertrand, qui l'aimait, lui avait promis qu'il resterait spécialement attaché à sa personne : Marthe se résigna donc à voir partir son frère et lui recommanda seulement d'être prudent.

Mme Tiphaine était tellement accoutumée aux fréquents départs de son mari, qu'elle n'en était ni émue ni attristée, quoiqu'elle l'aimât bien tendrement.

Ici, nous relaterons rapidement quelques faits historiques.

Dès qu'on apprit en Europe l'étrange expédition entreprise par du Guesclin, un grand nombre de chevaliers vinrent se joindre à lui, et il arriva à Châlons suivi d'une véritable armée.

Dans leur traité, les compagnies avaient stipulé qu'avant d'entrer en Espagne elles iraient à Avignon chercher l'absolution que le Pape leur avait promise. Urbain V, qui occupait alors le trône pontifical, aurait beaucoup mieux aimé la leur donner de loin et ne pas voir sa ville envahie par de si dangereux hôtes ; il essaya de leur faire passer cette fantaisie en leur fermant ses portes ; mais alors les soldats se mirent à ravager et piller les campagnes, et le Pape, pour en délivrer ses peuples, consentit à obtempérer à leur demande.

Ils vinrent donc en grande pompe recevoir la bénédiction du Pontife, à laquelle celui-ci dut joindre une forte somme d'argent, qui lui était réclamée impérieusement, quoique à titre d'aumône. Satisfaites sur ce point, les compagnies quittèrent le comtat d'Avignon, se dirigèrent vers les Pyrénées orientales, les franchirent et entrèrent en Catalogne. Elles formaient une armée d'environ soixante mille hommes.

Alphonse, roi de Castille, mort en 1350, avait laissé pour héritier de ses états don Pèdre, son fils aîné. Ce prince, qui

avait paru doué de quelques vertus dans sa jeunesse, ne tarda
pas à se montrer indigne d'occuper le trône. Il persécuta sa
mère, fit mourir deux de ses frères, traita avec les Maures,
ennemis naturels des Castillans, et mit le comble à l'horreur
qu'il inspirait, en faisant empoisonner, dans le château de
Siguença où il la tenait renfermée, sa jeune épouse, Blanche
de Bourbon, arrière petite-fille de saint Louis.

La dissolution de ses mœurs et sa froide férocité le firent
surnommer par l'Europe le Néron du Midi; son peuple, qui
l'avait d'abord appelé le Justicier, changea ce nom en celui
de Pierre le Cruel. Enfin, le vicaire de saint Pierre l'excom-
munia et donna l'investiture de son royaume à Henri de
Transtamare, son frère naturel.

Tel était l'état des affaires en Espagne lorsque du Guesclin
y arriva. Au premier bruit de la marche des grandes compagnies sous un chef si vaillant et si redouté, plusieurs des
alliés de Pierre l'abandonnèrent. Le roi de Navarre, aussi
prudent qu'il était hypocrite et cauteleux, fut de ce nombre.
Mais tandis qu'il traitait avec le chevalier breton, il faisait
assurer par-dessous main don Pèdre de son dévouement à
sa cause.

Le roi de Castille lui-même, effrayé à la vue de cet ouragan
déchaîné contre lui, se hâta d'abandonner les conquêtes qu'il
avait faites, et y laissa seulement une petite garnison pour
retarder le plus longtemps possible la marche de l'ennemi. Il
recula de province en province, de ville en ville, jusque dans
sa Castille, où il se croyait en sûreté.

Mais ce qui fait la force des rois, c'est l'amour des
peuples; ceux de Pierre le détestaient et fondaient, au contraire, beaucoup d'espoir dans le caractère loyal et l'équité
de son frère.

Il apprit bientôt les progrès de ses ennemis, qui n'avaient

eu qu'à paraître devant la plupart des places où l'on avait
laissé des soldats, pour s'en rendre maîtres. Bientôt sa rage
et son effroi furent au comble : Maguelonne, ville forte et
qu'on regardait comme la clef de la Castille, s'était rendue
après quinze jours de siége.

Cette perte terrifia le tyran. Il comprit qu'il ne pouvait
lutter à la fois contre une armée victorieuse et contre la
désaffection des Castillans, et s'enfuit à la cour des Maures,
en Andalousie.

Quelques jours après, le nouveau roi fit son entrée triom-
phale dans l'ancienne cité de Burgos, où il fut couronné.

Il s'empressa de récompenser, par toutes sortes de dons,
ceux à qui il devait le trône ; mais ce fut particulièrement
du Guesclin qui eut part à ses bienfaits. Il lui donna le comté
de Borgia ; puis, l'ayant créé duc de Molinès et grand d'Espagne, il l'éleva à la dignité de connétable de Castille.

Julien, qui s'était distingué aux côtés de son protecteur et
avait eu le bonheur de rester sans blessure, reçut pour sa
récompense le grade d'écuyer.

Aussi, comme il était fier ! comme il était joyeux !

Le retour du brave chevalier et de ses Bretons dans leurs
foyers fut un jour de fête ; et tandis que le nouveau connétable
racontait à l'heureuse Tiphaine tous les incidents de la guerre,
Julien, de son côté, faisait sa narration à Marthe, joyeuse et
fière de son frère, que le soleil d'Espagne avait un peu bruni,
ce qui lui ôtait cette apparence féminine et délicate qui avait
souvent effrayé sa sœur.

Un tiers se trouvait souvent mêlé à leurs entretiens : c'était
ce jeune André, fils de l'avare Guillaume. Julien racontait
avec enthousiasme à sa sœur qu'André, se jetant devant lui,
avait une fois reçu un coup de sabre qui lui était destiné.
Sa blessure l'avait privé de prendre part au siége de Mague-

lonne, où lui, Julien, avait pu mériter le grade d'écuyer, tandis que son ami, tout aussi digne que lui de le recevoir, n'avait point eu de récompense.

André se défendait de la reconnaissance du frère et de la sœur. Il n'avait fait, disait-il, qu'une chose bien naturelle, « et si, ajoutait-il, un de nous avait dû périr sous les coups du soldat castillan, n'eût-il pas bien mieux valu que ce fût un pauvre garçon comme moi, toujours grondé, rejeté par son père, et qui n'est aimé de personne, qui n'a à prétendre à rien dans ce monde, que Julien, le protégé du seigneur, le frère si chéri de Marthe ?

— Tais-toi, répondit Julien, tu as maintenant un frère et une sœur qui t'aiment ; n'est-ce pas, Marthe ?

— Certainement, » dit la jeune fille.

En effet, André n'était pas heureux. Sa mère l'avait laissé orphelin en bas âge ; son père, homme dur et avare, jamais n'avait fait une caresse à son fils, jamais n'avait une bonne parole pour lui : aussi l'enfant, toujours grondé ou battu chez lui, courait avec empressement, aussitôt qu'il le pouvait, à la chaumière de Jehanne, où il était reçu avec amitié. Les années fortifièrent cette liaison, où le pauvre André apportait tout ce qu'il avait dans le cœur d'affection et de reconnaissance. Julien avait donc tort de le plaindre d'avoir été à même d'exposer ses jours pour lui, car jamais il ne s'était senti si heureux.

VII

La tranquillité dont on jouissait à la Roche-Terrien ne fut pas de longue durée. On y apprit bientôt qu'Henri de Transtamare réclamait de nouveau les services du bon chevalier pour le maintenir sur le trône où il avait contribué à le placer.

Voici ce qui s'était passé.

Tandis que le nouveau roi de Castille distribuait les honneurs et les récompenses à ses alliés, don Pèdre avait passé de l'Andalousie dans le Portugal, en Galice, et enfin dans la Guyenne, plaidant partout sa cause et prodiguant des promesses pour se faire des appuis. Il échoua en Portugal et dans la Galice ; mais à Bordeaux il réussit par ses discours captieux à décider le prince de Galles à entrer dans ses intérêts. La Guyenne était une des provinces possédées alors par le roi d'Angleterre, et son fils y faisait sa résidence. C'était un jeune prince vaillant, courageux, doué des plus nobles qualités. Pierre se présenta à lui comme le souverain légitime de la Castille, comme la victime des trames odieuses ourdies contre lui par de perfides sujets ; il en appela à l'honneur et à la générosité du prince anglais ; il offrit enfin de payer les frais de la guerre et de céder en toute souveraineté la province de la Biscaye au roi Edouard.

Celui-ci, consulté par son fils et influencé par lui, consentit à prendre fait et cause pour don Pèdre.

Le premier effet de l'alliance du prince de Galles fut d'enlever à l'armée française tous les Poitevins, Gascons et Auitains qui en faisaient partie, et qui furent appelés à servir la cause contraire, protégée maintenant par le roi d'Angleterre leur suzerain.

En sorte que, quand du Guesclin, répondant à l'appel d'Henri de Transtamare, voulut reconstituer son armée, elle se trouva diminuée de plus de moitié.

Charles de Navarre ne pouvait manquer de donner son concours aux ennemis de la France. Il promit donc de livrer passage au prince anglais ; mais, dans le même temps, son esprit cauteleux lui suggérait de faire à Henri une toute autre promesse : il s'engagea envers lui à fermer les Pyrénées aux Anglais. Il fut puni de sa félonie ; car s'étant réuni aux forces anglaises, il tomba dans une embuscade et fut envoyé prisonnier au château de Borgia, où il demeura jusqu'à la fin de la guerre.

Tandis que le prince de Galles pénétrait en Espagne par les routes de la Navarre, du Guesclin et ses compagnons y entraient par l'Aragon et se réunissaient aux troupes de Henri.

Vers le commencement d'avril de l'année 1367, les deux armées ennemies se joignirent dans la vallée de l'Ebre, et bientôt elles ne furent plus séparées que par la Najarilla, petite rivière qui passe à Najarra ou Navarette.

Du Guesclin, qui pressentait que les milices de Castille ne pourraient soutenir le choc des meilleures troupes de l'Europe commandés par un chef aussi habile que valeureux ne voulait pas qu'on hasardât une bataille rangée ; l'orgueil castillan s'indigna à la pensée de reculer, et le combat fut livré.

Il eut le résultat qu'avait prévu la prudence de du Guesclin : les bandes espagnoles furent écrasées, et Bertrand lui-même, après de prodigieux exploits, fut fait prisonnier avec toute la noblesse française et bretonne attachée à sa fortune.

Le roi Henri put s'échapper, gagner l'Aragon, et de là le Languedoc.

L'armée victorieuse marcha à Burgos, qui lui ouvrit ses portes ; toutes les villes se soumirent, et don Pèdre se trouva rétabli sur son trône par une révolution aussi prompte que celle qui l'en avait chassé.

Quand le prince de Galles vit son protégé redevenu maître de ses états, il lui rappela ses promesses et insista surtout sur le paiement de la solde de ses troupes ; mais Pierre, convaincu qu'il n'avait plus rien à craindre, éluda les réclamations de son allié, qui, las d'attendre et révolté de la mauvaise foi du roi, retourna en Aquitaine.

Auparavant, il avait mis à rançon la plupart des prisonniers faits par les Anglais. Le généreux du Guesclin avait donné tout l'argent qu'il possédait pour racheter ses fidèles bretons ; ceux dont il ne put payer la rançon, retournèrent dans leur pays prisonniers sur parole, et s'engageant ou à rapporter l'argent qu'ils devaient, ou à revenir reprendre leur captivité.

Quant à notre héros, il fut emmené à Bordeaux par le prince de Galles, qui lui témoignait toutes sortes d'égards, mais lui avait refusé les moyens de recouvrer sa liberté.

VIII

Transportons-nous, quelques mois plus tard, au castel de la Roche-Terrien. Après avoir passé la poterne et traversé les cours, nous nous trouverons à l'entrée d'une grande salle basse, située au rez-de-chaussée.

Cette salle présentait le singulier spectacle d'une cinquantaine de jeunes filles ou jeunes femmes livrées à une occupation uniforme : chacune avait un rouet devant elle et filait. Ce travail s'accomplissait avec vitesse et sans relâche ; on pouvait aisément deviner que la tâche de l'ouvrière ne lui était pas imposée par le devoir seul, mais que le cœur y était pour beaucoup. Cependant, et bien que leurs mains et leurs pieds fissent activement leur besogne, leur langue n'y perdait rien ; elles trouvaient moyen de tout faire marcher à la fois.

Toutes ces jeunes filles portaient le costume villageois et le bonnet à longues ailes des paysannes bretonnes.

« Madame Tiphaine va être contente aujourd'hui, dit l'une des fileuses ; nous avons joliment travaillé !

— Dame ! si elle ne l'était pas, dit une autre au minois éveillé, elle ne serait pas raisonnable ; car enfin, ce que nous faisons, nous n'y sommes pas obligées.

— C'est vrai, au moins !

— Qu'est-ce que vous chantez donc là, vous autres ? dit une troisième dont les traits plus accentués, l'air plus rassis indiquaient un peu plus d'importance d'âge ou de position. Quoi ! vous dites que nous ne devons rien à madame Tiphaine ? Qui donc, Julienne, a donné à ta mère l'argent pour racheter son fils ? Et qui, Madeline, a payé la rançon de ton cousin ?

— Je voulais seulement dire, répondit Julienne d'un air confus, que nous n'avions pas le rouet en corvée, qu'il est de notre bon plaisir. Mais ne croyez pas pour cela, Bertrade, que nous soyons ingrate pour notre bonne maîtresse. Vous savez bien que chacune de nous se jetterait dans le feu pour elle.

— A la bonne heure, voilà qui est parler. Voyez-vous, moi qui n'ai pas eu besoin d'elle puisque je savais où trouver la rançon de mon Jean, je lui ai tout autant de gratitude que si elle l'avait tirée de sa poche, car je sais qu'elle n'aurait pas manqué de le faire pour mon mari qui est un des anciens serviteurs de monseigneur, si je n'avais eu de quoi moi-même. Ah ! c'est une fière maîtresse et dame que nous avons là ! Quand on pense que, pour payer la rançon de nos frères, de nos pères, de nos enfants, elle a vendu tous ses bijoux et toute son argenterie, et mis en gage ses seigneuries de Longueville, de Pontorson, de Provence, la Guerche et autres lieux ! Mais ce n'est pas tout. Je suis au courant de bien des choses, sans qu'il y paraisse ; on me dit beaucoup, parce qu'on sait que je ne répète rien. Eh bien, messire Bertrand a recueilli cent mille écus d'or de la succession de son père ; cet argent a été déposé par lui avant son départ à l'abbaye de Saint-Michel ; madame Tiphaine en a déjà pris plus de la moitié pour libérer des hommes à monseigneur et les remettre en bon équipage.

— Mais, fit la petite Madeline, not' maître ne sera peut-être pas bien content de trouver son argent dépensé.

— C'est ce que quelqu'un disait à madame, mais il paraît qu'elle a répondu : « Messire Bertrand me remerciera. » Ah ! c'est une fière femme !

— Pas moins, dit une autre fileuse, sans elle et sa grande bonté, nous n'aurions plus de jeunes gens à la Roche-Terrien à cette heure, puisque presque tous ils avaient voulu partir avec leur seigneur. Quand notre seigneur Bertrand a chassé don Pèdre et mis à sa place messire Henri, il a renvoyé chez eux tous ses hommes ; mais ils n'ont guère eu de temps pour se réinstaller ; le prince Noir a bien changé la face des choses, il a fallu recommencer la guerre de plus belle, et nos pauvres fils se sont fait prendre avec leur maître à Navarette ! Heureux encore ceux qui n'y ont pas laissé leur vie ! »

Un profond soupir se fit entendre en ce moment : tous les regards se dirigèrent avec compassion du côté où une jeune fille de seize à dix-sept ans filait à l'écart et silencieusement. Elle paraissait plongée dans une morne affliction.

Après avoir soupiré à l'unisson, Bertrade reprit la parole, dans l'espérance peut-être de distraire sa jeune compagne.

« Pauvre madame Tiphaine ! dit-elle, quel chagrin pour elle quand elle a appris que son mari était prisonnier des Anglais ! Elle a tout fait pour obtenir qu'il fût mis à rançon ; mais don Pèdre s'y oppose de tout son pouvoir ; il a supplié le prince de Galles de conserver son prisonnier.

— Mieux vaut encore pour notre mère, dit une des villageoises, qu'il soit sous la garde des Anglais que sous celle de ce méchant Pierre que ses sujets ont nommé le Cruel.

— Qui a assassiné ses frères !

— Qui a fait mourir sa mère de chagrin !

— Qui a empoisonné sa femme !

— Qui a pactisé avec les Maures !

— Qui mange les petits enfants !

— Notre-Dame d'Auray nous soit en aide. Il mange les petits enfants ? répéta Madeline d'un ton de consternation et d'horreur.

— Assurément, répondit la jeune fille qui avait mis en avant cette énormité. Hervé m'a dit qu'il n'en faisait qu'une bouchée.

— Hervé s'est un peu bien moqué de toi, ma fillette, dit Bertrade ; mais tout le reste est vrai. Mon mari, qui ne quittait pas les côtés de monseigneur, étant son valet de chambre, a eu connaissance de tout ce qui s'est passé là-bas, et me l'a raconté à son retour.

— Est-il véritable, madame Bertrade, que messire Bertrand, après le désastre de Navarette, ait racheté quatre cents gentilshommes de ses deniers ou de ceux que sa femme lui a envoyés [1] ?

— Très-véritable. Puis, vous savez que ceux qui arrivaient ici pauvres comme Job, madame les secourait et les équipait à neuf. Pour peu que cela dure, il ne lui restera plus un écu d'or. Cependant, dans l'espoir qu'on lui permettra un jour de racheter son mari, madame Tiphaine fait argent de tout, et c'est tant pour payer la rançon de monseigneur, si on le met à prix, que pour le remboursement de tout ce qu'elle a donné pour nos parents, qu'elle a accepté que nous venions filer ici pour elle chaque jour pendant quelques heures.

Et cela doit durer un an ?

— Tout autant ! Et c'est juste ! Messire Bertrand connaissait bien sa Bretagne quand il disait au prince Noir : « Mettez-moi à rançon, et telle somme que vous fixerez, elle sera payée ;

[1] Froissart.

dussent toutes les femmes et filles de. mon pays filer jour et nuit jusqu'à ce qu'elle soit gagnée ! »

— Je pense, dit Madeline après un moment de réflexion, que ce prince Noir doit être bien effrayant à voir. Il doit ressembler à l'ennemi du genre humain.

— Pourquoi? dit Bertrade.

— Puisqu'il est noir !

— Mais, petite sotte, c'est la couleur de son armure qui lui a fait donner ce surnom.

— Ah vraiment! ce n'est pas parce qu'il a la face noire? je me le figurais exactement comme le petit Jehan quand il a traversé la cheminée pour la nettoyer et essuyer tout le long.

— Pas du tout ! le prince de Galles est jeune, il a une belle figure; avec cela, il est brave et généreux presque autant que notre Bertrand.

— Alors, pourquoi qu'il le retient prisonnier?

— Ça, c'est de la politique, petite fille, vous n'y entendez rien. Du reste, pendant que nous y sommes, je veux bien vous dire pourquoi la bataille de Navarette a été perdue. Mon mari l'a appris, en Espagne, d'un saint homme.

— Pourquoi ? pourquoi? demandèrent toutes les fileuses qui suspendirent leur besogne pour mieux entendre la réponse de Bertrade.

— Parce qu'on a négligé de se mettre sous la protection de saint Jacques de Compostelle en passant aux lieux où son tombeau fait des miracles. La première fois, il n'y avait rien à dire, puisque messire Bertrand et son armée n'ont pas passé de ce côté; le saint ne pouvait pas se formaliser; mais la seconde fois on aurait bien dû y penser!

— C'est bien vrai ! dirent les jeunes filles avec componction.

— Cependant, fit observer Madeline, s'ils avaient invoqué Notre-Dame d'Auray avant de combattre ?

— Je ne dis pas ; c'était bien ; mais il eût été mieux de ne pas oublier non plus le saint du pays, d'autant plus que c'est, comme vous le savez, un grand saint.

— Dites-nous son histoire, Bertrade !

— Volontiers. Eh bien, saint Jacques de Compostelle n'est autre que saint Jacques qu'on nommait le Majeur, parce qu'il fut appelé le premier à la suite de Notre-Seigneur. Il était frère de saint Jean l'Evangéliste, fils de Zébédée. Notre-Seigneur changea leur nom, les appelant Enfants du tonnerre, parce qu'ils ont tonné par leurs prédications, et encore, Fils de lumière, parce qu'ils ont éclairé et converti un grand nombre d'infidèles.

» Or, notre saint Jacques s'en fut prêcher en Espagne, et, comme il était près d'une ville nommée Saragosse, qui est proche de la rivière de l'Ebre, la sainte Vierge, qu'il avait bien connue, lui apparut assise sur une pierre qui bordait le chemin, et lui dit : « Erigez ici une église à Dieu sous mon nom, parce que cette partie de l'Espagne me sera très-affectionnée, et dès maintenant je la prends sous ma protection.

» L'apôtre fit aussitôt bâtir la chapelle, qui existe encore aujourd'hui, et qu'on nomme Notre-Dame du Pilier, parce que ce pilier de jaspe, sur lequel la sainte Vierge se fit voir, s'y conserve et qu'on y a une grande dévotion.

» Après cela, saint Jacques revint à Jérusalem, où Hérode le fit emprisonner et lui fit couper la tête. Ses disciples enlevèrent son corps, et, mis sur un vaisseau sans voile, il vint aborder dans la Galice, où, dit-on, les anges le déposèrent eux-mêmes en terre.

» L'an 834, du temps du roi Ramire, les Maures qui

étaient fort puissants avaient coutume de se faire donner tous
les ans deux cents filles comme tribut. Ramire essaya de
se soustraire à cette loi tyrannique en livrant une bataille
aux Maures, mais il la perdit. Donc, il était fort triste, quand
une nuit saint Jacques lui apparut et lui dit de donner un
second combat en l'invoquant et après avoir fait confesser
et communier tous ses soldats. Il lui commanda aussi de
prendre un cheval blanc et de faire porter en avant un étendard de même couleur.

» Ramire obéit; et il défit les Maures qui furent tous tués
ou dispersés. En reconnaissance de cette victoire qu'il devait
au saint, le roi ordonna que, tant de la terre déjà conquise
que de celle qu'on acquérerait, il serait payé à ceux qui
serviraient l'église qu'il lui voulait faire bâtir, une mesure
de grain pour chaque paire de bœufs. En même temps, une
étoile parut qui fit connaître le lieu où son corps était déposé.
C'est là qu'on bâtit son église, et plus tard une ville sous le
nom de *Compostelle*, Champ de l'Etoile, qui est resté au saint.

» Depuis lors, il se plaît à faire des miracles quand on va
l'invoquer; aussi est-il connu et vénéré dans toute l'Espagne.
Vous voyez donc bien que j'ai raison de dire que si on avait
pensé à lui on aurait pu éviter de grands malheurs. »

A peine Bertrade avait-elle fini d'exposer cette vérité, que
la porte s'ouvrit et qu'une dame d'une trentaine d'années
parut. Son port était noble et imposant, et sa physionomie
bienveillante. Son costume était fort simple et ne présentait
aucun bijou ni ornements de luxe. Seulement, sur sa robe,
dont le corsage montait chastement jusqu'au col, étaient
brodées des armes blasonnées, comme cela était alors d'usage.
Ses cheveux blonds se lissaient en bandeaux sur ses tempes,
et par-dessus se trouvait posé un bonnet de forme pyramidale
orné de grandes dentelles qui retombaient sur ses épaules.

« Bonjour, mes enfants, dit-elle amicalement en entrant. Comment ! encore à l'ouvrage ? »

Toutes les jeunes filles s'étaient levées respectueusement. Ce fut Bertrade qui lui répondit : « Oh ! madame, ne nous plaignez pas trop ; voici déjà un peu de temps que nos langues travaillent plus que nos doigts.

— Je n'y trouve pas à redire. Vous vous êtes donné une grande tâche par dévouement pour notre maison, il faut bien l'alléger quelquefois par des moments de repos et de distraction. Mais c'est assez pour aujourd'hui ; il se fait tard ; retirez-vous ensemble et ne vous séparez point les unes des autres avant d'avoir atteint le village. Plusieurs d'entre vous ont à revoir des êtres qui leur sont bien chers, qu'elles avaient cru perdus et qui ne sont de retour que depuis peu. Allez goûter ce bonheur, et puisse Dieu me l'accorder bientôt à moi-même !

— Amen ! » dirent les villageoises qui s'éclipsèrent l'une après l'autre après s'être inclinées devant leur maîtresse.

Une seule ne les avait pas suivies : c'était la jeune fille dont la tristesse avait été remarquée par ses compagnes et qui n'avait pris aucune part à leur conversation.

Elle continuait de filer machinalement, bien qu'on n'y vît presque plus clair.

« Eh bien, Marthe, lui dit madame Tiphaine du ton d'un affectueux reproche, toujours sombre, toujours découragée ! mon amitié ne peut donc rien sur toi, ingrate enfant ? »

Marthe se leva impétueusement et courut se jeter à genoux devant la châtelaine.

« Oh ! répondit-elle, ne dites pas cela, ma bien-aimée maîtresse. Sans vous, je crois que je serais morte de chagrin. Est-il possible que j'oublie jamais vos bontés pour deux pauvres orphelins qui vous doivent tout, le pain qui les a fait vivre, le toit qui les a abrités, et une éducation au-dessus de leur position ? A la mort de ma mère, quand je restais sans soutien et sans famille, vous m'avez prise sous votre protection, Julien a été placé près de messire Bertrand qu'il n'a plus quitté ; et moi, vous m'avez ouvert à la fois le château et votre cœur ; vous m'avez fait élever presque comme une demoiselle, et traitée comme votre enfant, moi, une pauvre petite paysanne qui n'avais, pour vous intéresser, que mon malheur. Ah ! ne dites pas à Marthe qu'elle est ingrate lorsqu'elle sent si vivement vos bienfaits, et que vous daignez lui parler de votre amitié, qui est le plus grand de tous ! J'ai fait, voyez-vous, madame, comme deux parts de mon âme : l'une vous appartient ; mais l'autre est à mon malheureux frère, à mon cher Julien que me recommanda ma mère mourante. Tant que j'ignorerai son sort, je ne saurai avoir un moment de tranquillité et de contentement.

— Tout n'est pas désespéré, mon enfant, aie confiance en Dieu. Nos Bretons ne sont pas tous revenus ; nous n'avons pas revu André, le plus cher camarade de Julien.

— Il est vrai ; ce pauvre André aura partagé son sort. Il l'aimait tant !

— Plus d'un de nos Bretons viendra encore me demander l'argent de sa rançon ; nous finirons par avoir des nouvelles ; allons, enfant, rappelle toute la vaillance de ton cœur ; et dis-moi qu'il est puéril et dangereux de s'abandonner à la douleur quand on ignore encore si on en aura sujet.

— L'incertitude est si pénible, dit Marthe en joignant les mains avec angoisse. Si on était venu me dire : Marthe, ton frère est mort de la mort des braves ; il est tombé sur le champ de bataille de Navarette et ne s'est plus relevé, — je crois, oui, je crois que quelque affreuse que pût être une pareille nouvelle pour une sœur affectionnée, je m'y serais résignée. J'aurais prié pour le repos de son âme, et attendu qu'il plût à Dieu de me réunir à lui. Mais, penser qu'il est peut-être en ce moment blessé, mourant, prisonnier, manquant de tout, souffrant dans son corps comme dans son esprit, voilà ce que je ne peux supporter.

» Vous savez, madame, comme Julien a été faible et délicat jusqu'à seize ans, à ce point que, quoiqu'il eût deux ans de plus que moi, comme j'étais grande et forte, on me prenait souvent pour son aînée. Je me rappelle un jour où nous nous sommes amusés à changer d'habits, il avait l'air, sous les miens d'une petite fille, et moi je semblais son protecteur.

» Du vivant de ma pauvre mère, que l'épidémie de 1360 devait faire veuve sitôt, quand nous allions aux champs tous deux ensemble, ce n'était pas lui qui conduisait la charrue; ce n'était pas lui non plus qui faisait les ouvrages les plus durs de la maison; c'était moi. Il était si chétif, et j'étais si forte !

— Et ce sont justement ces soins mal entendus, ces ménagements, qui le rendaient si frêle. S'il eût partagé les jeux des autres enfants du village, s'il eût donné, dès l'enfance, de l'exercice à ses membres, il serait plus robuste; mais Jehanne ne pouvait se décider à le perdre de vue, à ce que m'a conté maintes fois le P. Urbain.

— C'est la vérité. Vous savez, madame, qu'à cette époque mon frère, qui était tout jeune, tomba gravement malade; ma mère crut le perdre, et c'est cette crainte qui l'avait rendue si faible pour lui. Il était le portrait vivant de mon père, et elle ne pouvait se lasser de le contempler.

— Dans les trois années qui viennent de s'écouler, ton frère, placé près de messire Bertrand, a pris la taille d'un homme; il aura pu supporter en homme les fatigues et le sort que la guerre lui a faits.

— Il a un peu grandi, c'est vrai, et ses joues pâles et creuses se sont colorées et remplies ; mais cela tenait à vos bontés, madame, et à la bonne nourriture qu'il avait ici. Maintenant Dieu sait comment il se trouve, si toutefois il existe encore !

— Il faut l'espérer. Ne te désole pas d'avance, Marthe. Souviens-toi qu'il est dit que Notre-Seigneur mesure le vent à la toison de l'agneau. Applique-toi à conserver le libre usage de ton esprit et de tes forces pour le besoin que tu peux en avoir plus tard, et ne déplore pas comme arrivé un malheur dont tu n'as pas encore connaissance. A chaque jour suffit son mal. Que serai-je devenue, si chaque fois que les combats appelaient mon seigneur Bertrand loin de moi, je l'eusse pleuré comme mort ? Je savais cependant qu'il courait plus de danger qu'un autre, puisqu'il est toujours au premier rang ; mais je me disais que ce n'est pas à moi, à celle qu'il a jugé digne de porter son nom, et qu'il a ainsi, en quelque sorte, associée à sa gloire, à trembler comme une femme ordinaire. Je m'élevais au-dessus de ces terreurs vulgaires ; j'étais fière de lui, je voulais qu'il fût fier de moi.

— Ah ! madame, c'est que vous êtes une héroïne, vous. Vous l'avez fait voir à Pontorson.

— On t'a conté cela, Marthe ? C'est un de mes plus beaux souvenirs. J'étais mariée depuis deux ans, et messire Bertrand, en ce temps déjà, pourchassait les Anglais. J'habitais le château de Pontorson avec ma belle-sœur Julienne, qui est aujourd'hui supérieure de l'abbaye de Saint-Georges à Rennes. Un chevalier anglais nommé Felleton, connaissant l'absence de mon mari et espérant avoir facilement raison de deux femmes, conçut le projet de se rendre maître du castel. Il corrompit, avec une somme d'argent, deux de mes suivantes, qui promirent de lui livrer Pontorson. Le chevalier y arriva avec ses soldats pendant la nuit. Déjà quinze échelles avaient été dressées contre les murs de la tour lorsque je fus réveillée par le bruit que faisaient les soldats en montant. Je devinai aussitôt la vérité et m'écriai : « C'est l'ennemi! » Julienne couchait avec moi ; nous nous levons, nous jetons un vêtement sur nous, prenons chacune une arme, et tout en appelant à l'aide, nous passons dans la chambre des femmes, où nous trouvons une des perfides suivantes qui avait ouvert la fenêtre pour favoriser l'entrée de ce côté aux Anglais. L'un d'eux atteignait déjà la fenêtre ; je me précipite, je bouscule cette femme et je renverse le soldat avec son échelle. De là nous montons en toute hâte au haut de la tour. Un Anglais y mettait le pied ; Julienne, arrivée la première, court à lui et le renverse au bas du fossé. Alors nous nous rendons sur d'autres points, et, toujours criant, toujours donnant l'alarme, nous réussissons à tenir l'ennemi en échec jusqu'à l'arrivée de la garnison.

» Felleton, se voyant découvert, prit le parti de la retraite ; mais il rencontra messire Bertrand qui le fit prisonnier, et j'avoue que ce fut pour moi comme pour Julienne un vif plaisir de voir revenir ainsi celui qui avait essayé de nous perdre nous-mêmes par traîtrise.

— Et les deux suivantes, madame ? elles furent chassées sans doute ?

— Chassées, mon enfant ? Non, non ; elles reçurent un plus juste prix de leur félonie. Elles furent, comme c'est la coutume en pareil cas, cousues dans un sac et jetées à la rivière. Tu trouves cela dur ? Mais, vois-tu, nous vivons en un temps où les femmes ont les vertus viriles des hommes et subissent les mêmes lois de répression et de punition. Notre malheureuse souveraine, Jeanne de Penthièvre, a montré autant et plus de courage que le duc Charles pour défendre son héritage, et elle l'a prouvé en combattant pour leur cause jusqu'à la mort du duc, à la bataille d'Auray, qui l'obligea de céder à la fortune du comte de Montfort.

— C'est à cette bataille, madame, que monseigneur Bertrand fut fait prisonnier une première fois?

— Oui; on avait livré le combat contre son avis, et tandis que Charles de Blois perdait son duché et la vie, un des plus braves chevaliers de l'armée anglaise, Jean Chandos, avait la gloire de faire Bertrand prisonnier. Notre sire, Charles V, que Dieu bénisse! ne le laissa pas languir entre ses mains. Il donna la moitié de sa rançon, estimée cent mille francs; je pus faire le reste.

» Tu vois, mignonne, qu'on revient de loin. Julien reviendra aussi. Allons, prends courage, chasse la tristesse de ce jeune front et viens-t-en souper. »

IX

Le lendemain était un dimanche; les fileuses ne vinrent pas, et Marthe demanda à sa maîtresse la permission d'aller faire ses dévotions à l'abbaye, quoiqu'elle n'eût plus besoin de faire ce chemin pour voir son père spirituel et lui demander ses conseils.

Le P. Urbain, depuis trois ans, habitait le château en qualité de chapelain; il y avait continué à s'occuper de l'instruction de Marthe, qui, avec l'agrément de la châtelaine, y avait consacré tous les jours une ou deux heures; il lui montra la science des chiffres, lui fit lire les différentes histoires du temps passé, qu'il se procurait en les empruntant au couvent, où il y avait une riche bibliothèque manuscrite. Enfin, la voyant toujours pleine de zèle et plus avide d'apprendre à mesure qu'elle savait davantage, il lui donna quelque teinture de langues étrangères. Le P. Urbain, dans sa jeunesse, avait été envoyé en missions lointaines et fait prisonnier par les musulmans avec un autre moine dont il chérissait le souvenir. Leur maître habitait le midi de l'Espagne et parlait la langue espagnole; bientôt Urbain l'entendit et la posséda.

Marthe était pour tout le monde au château comme l'enfant

gâtée de la maison. Elle y avait son franc-parler et ses libres allures. Son attachement passionné pour sa bienfaitrice, le dévouement qu'elle lui marquait en toute occasion, lui avaient concilié sa faveur, tandis que sa bonne humeur constante, son empressement à se rendre utile l'avaient fait aimer des grands comme des petits. La petite fille un peu rude, un peu brusque dans ses façons, s'était modifiée ; sa parole avait plus de douceur et d'aménité, ses manières plus de grâce ; mais elle avait conservé son caractère franc, honnête et résolu. Elle possédait le calme et le sang-froid, qualités si précieuses dans les occasions difficiles, et dont l'absence fausse ou paralyse le jugement en le soumettant aux terreurs d'une imagination troublée. C'était une fille d'un esprit sérieux et réfléchi, d'une grande solidité de principes, d'une piété vraie et d'une foi vive. Le P. Urbain lui avait enseigné à mettre cette piété en actions, en étant charitable, bonne, bienveillante. Elle avait beaucoup de fermeté et de décision, et quand elle avait pris une résolution, y manquait bien rarement.

Marthe allait partir pour l'abbaye et recevait les instructions de la châtelaine, qui la chargeait de quelque commission, quand une des suivantes de Mme Tiphaine se précipita dans la chambre.

« Les voici ! les voici ! criait-elle ; c'est André.

— André ! » s'écrièrent à la fois Marthe et sa maîtresse.

Presque au même instant des pas se firent entendre, et le jeune homme annoncé entra. Son voyage ne devait pas lui avoir été favorable ; car il était d'une maigreur et d'une pâleur excessives et paraissait pouvoir à peine se tenir sur ses jambes. Quelques jeunes gens, ses camarades du village, l'avaient accompagné.

Le regard avide de Marthe avait été de l'un à l'autre, et s'étant assurée que son frère n'était pas là, elle s'écria d'un air de reproche : « Seul, André ? vous revenez seul ? Et Julien ? »

Le pauvre André pâlit encore. « Ce n'est pas ma faute, Marthe, répondit-il ; vous me l'aviez confié, j'ai fait pour lui tout ce qu'un frère pouvait faire, et je pensais le trouver de retour : sans cela, croyez-le bien, je ne serais pas revenu ; j'aurais mieux aimé mourir là-bas que de m'exposer au reproche que vous me faites. »

Marthe ne put rien répondre ; elle pleurait, le visage caché dans son mouchoir. « Cela n'a pas de bon sens, dit madame Tiphaine, il faut entendre André avant de le condamner et avant de te désoler. Mais le pauvre garçon a besoin d'un réconfortant. Va à l'office, Marthe, prépare-lui un verre de vin bien chaud et bien sucré. Et vous autres, continua-t-elle en s'adressant aux jeunes villageois, allez attendre votre camarade à la cuisine, où vous demanderez du cidre et des galettes. »

On obéit à la châtelaine, qui resta quelques minutes seule avec André. Elle le fit asseoir, en attendant Marthe, qui ne tarda pas à rentrer avec un verre de vin qu'elle alla présenter à André. Frappée de l'expression douloureuse de sa physionomie, la jeune fille regretta vivement la peine qu'elle lui avait faite ; et désirant la réparer, « Buvez ceci, André, lui dit-elle, et puis vous nous direz ce que vous savez de Julien, si madame veut bien le permettre. Je sais déjà que je n'aurai que des remerciements à vous adresser. »

Ces bonnes paroles semblèrent ranimer André. Après avoir bu, il commença son récit en ces termes :

« Vous avez su notre désastre à Navarette, et comme quoi messire Bertrand et tous les siens ont été tués, blessés ou faits prisonniers. Julien et moi nous n'avons pas quitté les côtés du brave chevalier de toute la journée. Quand, accablé sous le nombre, il se rendit, nous combattions encore. Je vis Julien tenir tête à deux Espagnols qui le pres-

saient vivement; il se défendait comme un eune lion. Moi,
j'avais moins à faire : un seul ennemi m'attaquait. Je jetais
de temps en temps un coup d'œil du côté de mon ami ; je le
vis enfin faiblir. Désespéré d'être retenu loin de lui, j'eus
un moment d'inattention qui me fit recevoir une blessure à
l'épaule, mais je me précipitai sur le Castillan et le mis hors
de combat. Une seconde après j'étais auprès de Julien. Nous
escrimant à qui mieux mieux, nous n'espérions rien, que
vendre chèrement notre vie. D'autres Espagnols étaient venus
se joindre aux deux premiers, nous allions succomber, quand
à la suite de je ne sais quelle panique, l'armée victorieuse
reflua en arrière, un gros de cavaliers recula sur nous, nous
fûmes renversés, et pendant un certain temps nous perdîmes
complétement l'usage de nos sens. Quand je revins à moi,
il faisait nuit, la plaine était abandonnée, jonchée de morts
ou de mourants dont on entendait les gémissements. Cela
était bien affreux.... Ma première pensée fut pour Julien, et
j'éprouvai une véritable angoisse à l'idée que nous étions
peut-être séparés.. Je cherchai à tâtons autour de moi, car je
n'avais pas encore la force de me relever, et j'eus l'inexpri-
mable bonheur de trouver que mon ami était près de moi.
Mais existait-il encore? Je mis ma main sur sa bouche et sur
sa poitrine ; j'entendis son souffle et je sentis battre son
cœur. Oh! combien alors je rendis grâces à Dieu!

» Cependant qu'allions-nous devenir? Je m'étais assuré
que Julien n'avait aucune blessure grave, les miennes n'é-
taient pas sérieuses non plus, mais encore fallait-il que nous
fussions soignés pour avoir chance de guérison. Julien reprit
connaissance, et, à ma grande surprise, il me dit qu'il se
croyait assez fort pour marcher. Je l'engageai à aller à la ville
rejoindre messire Bertrand qui, prisonnier des Anglais,
serait sûrement bien traité; mais il ne voulut jamais entendre

parler de me laisser seul. Au milieu de notre débat, nous vîmes tout à coup une lueur surgir pas bien loin de nous, et, lorsqu'elle se rapprocha, nous distinguâmes trois personnes, dont l'une portait une lanterne. Elles avaient l'air de chercher, se baissaient de temps en temps et se relevaient. Comme elles venaient de notre côté, nous nous étendîmes à terre, faisant les morts pour ne pas attirer leur attention avant de savoir dans quel dessein elles venaient. Bientôt nous pûmes les entendre. « Bon ! disait l'un, il n'y a que des morts et des mourants. Impossible d'emmener cela ! — Il me faut cependant au moins deux prisonniers, dit une voix plus jeune avec impatience. Tu sais bien que sans cela mon mariage est manqué. Et j'y tiens beaucoup ! — J'entends; vous tenez aux beaux châteaux et aux terres qui sont la dot de madame Inès, plus qu'à madame Inès elle-même. — Je ne le nierai pas, à toi du moins. Tu connais ma position, puis-je faire mieux ? — Non sans doute, puisque c'est moi qui vous conseillai ce moyen pour relever votre fortune, et qui vous ai prévenu de la manie d'Inès, qui veut absolument n'épouser qu'un héros. Sans aucune exigence du côté de la fortune, elle est, en compensation, si fort entichée de la bravoure, qu'elle a déclaré qu'elle ne vous recevrait que couvert de lauriers. Pourquoi diable n'en avez vous pas cueilli ? il n'y avait hier qu'à se baisser pour en prendre ? — Est-ce donc ma faute si je n'aime pas la guerre? Je n'ai pas été élevé à cela. Mais tout est réparé si je lui amène deux prisonniers à son castel de Buen-Maja; elle croira que je me suis battu, et m'épousera. Allons; mon bon Pédrillo, tu as déjà tant fait pour moi, encore cet effort ! — Oui, oui, parce que je suis votre père nourricier, vous me faites faire tout ce que vous voulez, et à cet imbécile de José, mon fils. Eh bien, cherchons encore.... Tenez, je crois que je tiens quelque chose.... José, apporte la lanterne. »

» Ce quelque chose, Marthe, c'était votre frère, qui ne bougeait ni n'ouvrait les yeux.

« Il est bien jeune, celui-ci ; voyons, palpons-le. »

» C'est ce qu'ils firent, et ayant vu, à leur grande satisfaction, que point de blessure mortelle n'avait été faite, ils allaient emporter Julien, lorsque celui-ci se leva résolument en disant : « Ne prenez pas la peine ; j'irai bien tout seul. »

» Le seigneur, qui voulait se faire passer pour brave sans l'être, recula tout effaré, croyant avoir affaire à un fantôme. Il fut plus étonné encore lorsque, s'étant rapproché, il en vit deux au lieu d'un, car je m'étais levé aussi, résolu à partager le sort de Julien quel qu'il fût.

» On pansa tant bien que mal nos blessures, et comme nous n'aurions pu marcher longtemps, on nous trouva une mule qui nous reçut tous deux. Nous allâmes, à ce que j'appris, du côté de Tolède. Le seigneur castillan se nommait Lopès ; sa fiancée, Inès de la Maja, et elle habitait seule avec une vieille tante une maison qu'on décorait du nom de château et qui se trouvait à quelque distance de la ville.

» Nous y arrivâmes, bien fatigués, mais heureux de n'être point séparés. On nous conduisit dans le pénitentiaire du château. Ce n'était point un cachot ; c'était une chambre située sous les toits, dans la tourelle, et pourvue d'une seule petite fenêtre très-haute et grillée. C'est là qu'on mettait les gens de castel qui avaient commis quelque peccadille de peu d'importance. Mme Inès, à ce que nous pûmes savoir, était très-despote, très-orgueilleuse, et exigeait d'autant plus de marques de déférence qu'elle avait moins le droit d'en attendre, étant d'une naissance très-commune. Lorsque, en lui parlant, on négligeait les formules respectueuses qu'elle aimait, on passait par le pénitentiaire.

» Il y avait heureusement un bon lit, et nous ne nous
y trouvâmes pas trop mal. Le lendemain, un médecin vint
nous visiter et panser nos blessures qui se trouvèrent en bon
état. A peine était-il parti, qu'on vint nous prévenir que
nous allions avoir l'honneur de nous trouver en la présence
de la maîtresse du château.

» Pédrillo, le père nourricier de Lopès, qui nous fit cette
communication, nous prévint en même temps que si nous
avions le malheur de laisser soupçonner que ce n'était pas
son fils adoptif qui nous avait combattu et faits prisonniers,
il nous vendrait comme esclaves aux Maures. « Si au contraire, nous dit-il, vous contribuez au mariage de mon
maître en faisant l'éloge de sa vaillance... — Il nous rendrait
la liberté ! s'écria Julien. — Peut-être. »

» Madame Inès arriva. C'était une femme de vingt-huit
ans, assez bien, mais qui avait trop de hardiesse dans le
regard. Elle nous fit beaucoup de questions sur la bataille
de Navarette, sur messire Bertrand et sur nous-mêmes.
Puis elle voulut savoir si Lopès avait eu bien de la peine
à nous faire prisonniers. Julien répondit que nous nous étions
battus de notre mieux, et elle parut contente.

» Quelques jours après la visite de Mme Inès, nous vîmes,
de notre fenêtre, beaucoup de mouvement et d'animation
dans le château. On entendait le bruit des instruments, tout
annonçait une fête. Nous sûmes qu'en effet ce jour-là était
celui du mariage. Nous nous en réjouîmes, dans l'espoir de
le voir bientôt suivi de notre liberté ; mais il n'en fut aucu-
nement question. Pédrillo, notre geôlier, nous consola en
nous disant qu'il la demanderait lui-même pour nous un peu
plus tard. En attendant, Julien, qui s'ennuyait beaucoup,
demanda à faire du filet pour s'occuper, et on lui apporta
une navette, un moule et de la ficelle. Il imagina aussi de

tailler des petits morceaux de bois dont il faisait toutes sortes
de choses : des manches de couteaux sculptés, des maisons,
des animaux. Il y mettait une adresse infinie. Moi j'arrivai,
après bien de la peine, à lui dégrossir son bois. Il fit, pour
Mme Inès, une petite chapelle avec une sainte dans sa niche;
et elle en fut si enchantée, qu'elle nous permit de sortir
et de nous promener une heure chaque jour, à condition
que nous donnerions notre parole d'honneur de revenir.

» Notre captivité n'était donc point trop désagréable; mais
c'était toujours une captivité, c'est à dire l'exil loin de notre
pays et la séparation d'avec tous ceux que nous aimions.
Nous nous désolions de voir s'écouler les semaines et les
mois. Pédrillo nous avait dit que sa maîtresse se faisait honneur
des prisonniers faits par son mari, que c'était pour cela
qu'elle nous gardait. Dès lors, nous fîmes notre plan. Julien
annonça qu'il voulait essayer de faire une madone avec son
bois, mais qu'il aurait besoin des conseils de Mme Inès pour
les draperies. Elle vint aussitôt nous voir. Julien, après lui
avoir parlé de la madone, qui n'était qu'un prétexte, se mit
à lui dire que, depuis qu'elle s'était montrée si bonne pour
nous, il avait sur la conscience un mensonge qu'on nous
avait fait faire.... Et il lui raconta tout.

Mme Inès devint toute rouge de colère pendant ce récit,
dont elle se fit répéter plusieurs fois toutes les circonstances.
Elle s'écria qu'elle ne pardonnerait jamais à son mari de
l'avoir trompé de la sorte; et elle nous fit aussi de grands
reproches.

» Cependant, quelques jours après, nous eûmes lieu de
nous féliciter, car Pédrillo nous dit qu'on permettrait à l'un
de nous d'aller dans son pays chercher de l'argent pour notre
rançon. Il fut convenu que ce serait moi, parce que j'étais,
mieux que Julien, en état de supporter la fatigue de ce long

voyage. Lopès, accompagné de Pédrillo, devait aller à Burgos; je m'arrangeai pour partir avec eux.

» Le lendemain j'embrassai mon cher Julien et je me mis en route. Hélas! je ne devais plus le revoir!

» Quand nous arrivâmes à Burgos, je demandai, dans un hôtel où nous descendîmes, des nouvelles de la guerre; et j'appris que don Pèdre ne s'etait pas plus tôt vu maître de ses états, qu'il avait mécontenté ses sujets par de nouvelles marques de tyrannie, et son allié le prince Noir en éludant de tenir les promesses d'argent qu'il lui avait faites. Ce prince en avait attendu très-longtemps l'accomplissement, et, pendant ces retards, l'armée anglaise, exposé aux ardeurs d'un climat dévorant, dépérissait de jour en jour. Enfin, indigné de tant de mauvaise foi, il venait de se décider à retourner en Aquitaine avec son prisonnier, Bertrand du Guesclin, et leur départ était fixé au lendemain.

» Je fus bien joyeux quand je sus que mon noble maître était à Burgos. Je m'arrangeai le lendemain pour me trouver sur son passsage. Son regard s'arrêta sur moi, et il me reconnut aussitôt. « Te voilà, mon pauvre garçon, me dit-il; tu l'as échappé belle à Navarette! Et Julien, qu'est-il devenu? Je vous ai fait chercher tous deux sur le champ de bataille, mais on n'a su vous retrouver ni parmi les morts ni parmi les vivants. »

» Je racontai nos aventures.

» Quand messire Bertrand sut que j'allais en Bretagne chercher l'argent de notre rançon, « Tu n'iras pas si loin, me dit-il, mon garçon; ton maître, qui a racheté quatre cents gentilshommes à prix d'or, trouvera bien encore quelques pièces d'argent pour deux fidèles serviteurs. Combien vous faut-il pour vous deux? — Cent écus. — Les voici; ce sont mes derniers. Va maintenant chercher Julien, re-

tournez tous deux dans notre chère Bretagne, et dites à ma
bonne Tiphaine que je pense à elle comme à ce qu'il y a
de meilleur au monde.

— Il a dit cela!... s'écria la châtelaine, dont les yeux se
mouillèrent de larmes.

— Oui, madame, répondit André. Il a ajouté que le
jour où il vous reverrait serait un des plus beaux jours de
sa vie, et qu'il espérait que ce serait bientôt.

— Que Dieu écoute l'ardente prière que je lui en fais!
Mais, continue, André; ton récit nous intéresse.

— Eh bien, reprit André, je revins à l'hôtellerie où
je retrouvai mon maître et Pédrillo. Je leur montrai l'argent et leur dis que je retournerais le lendemain pour chercher Julien.

» Le lendemain, comme j'allais me mettre en route, le
seigneur Lopès parut, et me dit que la veille, au moment
où je venais de le quitter, il avait reçu la nouvelle que
Mᵐᵉ Inès était tombée malade. « Mais, ajouta-t-il, comme
c'est d'elle que je tiens cela, et qu'elle était opposée à
mon voyage, j'ai pensé que ce pouvait être un prétexte
pour me faire revenir, et j'ai pris le parti d'envoyer à
ma place Pédrillo qui me dira la vérité. Je l'ai aussi chargé
de ramener Julien. Ainsi demeurez ici, avec moi : dans
trois jours votre ami sera ici, et vous partirez ensemble. »

» J'aurais bien préféré aller moi-même chercher Julien;
mais le seigneur Lopès m'en détourna. « Il est possible, me
dit-il, que Julien se mette en route de son côté et que
vous vous manquiez. »

» Je me résignai donc. Le troisième jour, nous vîmes
arriver, non pas ceux que nous attendions, mais le fils
de Pédrillo, qui nous dit que son père ayant trouvé madame
Inès plus malade qu'il ne pensait, n'avait pas osé la quitter

et avait envoyé son fils José pour dire au seigneur Lopès
de revenir sans tarder. « Quand à Julien, ajouta José,
il a été si content quand il a su qu'il était libre, qu'il
n'a voulu attendre personne et qu'il est parti. — Parti !
m'écriai-je. Et nous ne l'avons pas vu ! — Oh ! dit José,
il n'y a rien d'étonnant à cela. Il voyage à pied ; avec
quoi aurait-il pu louer une mule ? Il sera sans doute ici
demain ou après-demain ; il ne me fait pas l'effet d'être un
grand marcheur. »

» Cette raison était assez plausible, et je m'en contentai.
Je remis au seigneur Lopès les cent écus de notre rançon,
et je le vis sans regret repartir avec son frère de lait.

» Cependant trois jours s'écoulèrent, et Julien ne paraissait pas. Dès le second jour j'étais inquiet ; mais le troisième, mon anxiété ne connut plus de bornes. Le qua-
trième, je résolus de retourner à la Maja, ce que je fis
en demandant du pain et l'hospitalité sur ma route. Mon
cœur battit bien fort lorsque j'aperçus cette petite fenêtre
grillée où je me figurais déjà voir mon cher Julien. Mais
quel fut mon étonnement, mon chagrin, quand, arrivé
au château, je le trouvai fermé, inhabité ! Je courus au
village ; personne ne sut rien me dire, si ce n'est que
madame Inès, Lopès et toute leur maison étaient partis
depuis plusieurs jours. Et Julien ? On avait vu Julien, en
compagnie de Pédrillo, quitter le château la veille du départ général, mais on ignorait où ils étaient allés.

» Je crus que je deviendrais fou d'impatience et de douleur. Je revins à Burgos, et courus à l'hôtellerie, où je
m'informai si quelqu'un m'avait demandé ; mais personne
n'était venu. J'attendis plusieurs jours ; et je finis par me
tranquilliser un peu en me disant que Julien, ne me trouvant pas, avais pris seul le chemin de la Bretagne. Alors

je n'eus plus que la pensée du retour. Je suis arrivé, et c'est pour ne pas retrouver mon ami ! Mais je ne resterai pas ici. Dès demain, Marthe, je retourne aux lieux d'où je viens, et je vous ramènerai votre frère ou je mourrai ! »

— Mon pauvre André, dit Mme Tiphane attendrie par le dévouement du jeune homme, avant de songer à un nouveau voyage, vous ferez bien de vous reposer de celui-ci. Vous ne me paraissez pas en état d'en entreprendre un second. »

André se leva vivement comme pour protester ; mais il devint aussitôt d'une pâleur mortelle, chancela et retomba sur sa chaise en perdant connaissance.

Madame Tiphaine s'élança pour le soutenir. Marthe, presqu'aussi pâle que lui, sortit, et rentra un instant après avec un flacon de sels qu'elle fit respirer à André.

Il revint à lui et chercha à s'excuser de tout l'embarras qu'il donnait. « J'ai tant souffert en route ! dit-il ; ma blessure s'est rouverte, je n'y ai fait aucune attention, tant j'avais hâte d'être ici.... mais je suis mieux, je peux retourner au village.

— Ce serait une folie, André, interrompit madame Tiphaine, une véritable folie ; vous êtes malade, et vous serez beaucoup mieux au château que partout ailleurs. Ne parlez donc pas de nous quitter maintenant. Vous êtes notre prisonnier, André, tout comme vous étiez celui de madame Inès. »

Par les ordres de la châtelaine, André fut transporté dans un lit bien chaud, et toutes sortes de soins lui furent prodigués.

X

Le lendemain, le P. Urbain vit entrer Marthe dans son appartement.

« Mon père, dit la jeune fille, donnez-moi votre bénédiction ; je vais en Espagne chercher Julien. »

Elle parlait d'un air à la fois si calme et si résolu, que le moine comprit qu'elle était bien décidée et qu'il était inutile de chercher à ébranler sa détermination. Il admirait l'amour fraternel qui la lui inspirait ; cependant il ne pouvait s'empêcher de frémir aux dangers de ce long voyage pour une jeune fille. Non-seulement il lui fallait aborder un pays étranger, ennemi et livré à toute la tyrannie du roi Pèdre et de ses agents, mais, pour y arriver, il lui fallait encore traverser toute la France, où les routes n'étaient pas sûres, où on était exposé de rencontrer, soit des restes de la Jacquerie, soit des truands ou des tards-venus qui ne se faisaient pas faute de voler et d'assassiner dans les fermes isolées et de piller les voyageurs. Il lui mit ces périls sous les yeux ; mais Marthe resta inébranlable en répétant : « Dieu, qui m'inspire ma résolution, me conduira et me sauvera. »

Alors le bon père ne s'occupa plus qu'à lui donner de

sages conseils, d'utiles avis.. « Et maintenant, ajouta-t-il
quand il crut l'avoir suffisamment prémunie contre tous les
dangers, pars sans crainte, ma fille, Dieu sera avec toi.
Nous pouvons à notre gré multiplier les bonnes actions ;
mais les occasions d'en faire de grandes et de vraiment
généreuses se rencontrent rarement ; ce sont les prédestinés
de la terre qui reçoivent du Ciel ces occasions précieuses. »

Mme Tiphaine ne fut point étonnée du projet de sa favorite,
elle avait un cœur qui comprenait toutes les grandes actions ;
elle remit à Marthe, dans un petit sachet qu'elle suspendit
par un cordonnet à son coù, cinq pièces d'or, lui donna un
scapulaire. Elle se trouvait ainsi pourvue d'armes spirituelles
et d'armes temporelles. Elle reçut en outre un petit trousseau
de fils, d'aiguilles et de tresses, qui pouvait la faire passer
pour une marchande colportant dans les campagnes ces mêmes
objets.

XI

Les premiers temps du voyage de Marthe se passèrent très-bien. Elle faisait cinq à six lieues par jour ; elle aurait pu faire davantage, mais on lui avait recommandé de ménager ses forces. Elle s'informait, et prenait souvent des chemins de traverse qui avaient le double avantage d'abréger les distances et d'éviter les grandes routes, trop souvent mal famées. Quelquefois elle avait la chance de rencontrer des meuniers avec leurs charrettes qui allaient d'un village à un autre et qui, moyennant quelques écheveaux de fil pour leurs femmes où pour leurs filles, la laissaient monter dans leur véhicule.

Mais bientôt elle s'aperçut que sa tendresse fraternelle l'avait entraînée à une démarche téméraire.

La prudence, à ces époques de foi, de naïveté et de dévouement, n'était pas souvent mise en œuvre, ou elle poussait à des actes inadmissibles en des temps ordinaires.

En avançant vers le midi de la France, qui était encore sillonné par des bandes de malfaiteurs, Marthe imagina de se revêtir d'un justaucorps de colporteur, afin de passer mieux inaperçue au milieu de tous les périls ; elle se munit aussi d'une petite valise, y renferma ses marchandises, et la chargea résolûment sur son épaule. Elle chevaucha ainsi sans encombre pendant quelque temps, se faisant appeler du nom de Mare.

Un jour, elle s'aperçut qu'un piéton suivait la même route qu'elle et marchait à peu près du même pas, car elle l'avait déjà rencontré la veille, et, se souciant peu d'une compagnie quelconque, elle l'avait évité en prenant un sentier qu'on lui avait indiqué.

Elle résolut d'en faire autant à la première croisée de chemin, et hâta la marche pour y arriver plus vite ; mais son oreille lui apprit que le voyageur suivait ses pas, et bientôt il fut à ses côtés. Rien dans son extérieur ne pouvait faire naître la moindre frayeur. Son costume proplet et presque clérical indiquait des occupations pacifiques dont une plume fichée derrière son oreille et un rouleau de parchemin qu'il portait à la main étaient une autre preuve convaincante. Il paraissait avoir à peu près le même âge que Marthe, son regard était vif et pénétrant, et sa physionomie ouverte et honnête rassura Marthe au premier coup d'œil.

« Hé ! camarade, dit le nouveau venu, si vous vouliez bien ne pas courir si fort ? Déjà hier je vous ai aperçu suivant la même route que moi et cherché à vous joindre, me disant que deux compagnons du même âge se rendraient mutuellement le chemin moins long en devisant de leurs affaires ou de celles des autres ; mais vous avez disparu ni plus ni moins qu'un farfadet. Aujourd'hui je vous retrouve, et vous ne m'échapperez plus... à moins toutefois que votre bon plaisir ne soit de voyager seul.

— Pas le moins du monde, seigneur écolier, répondit Marthe en souriant ; je ne demande pas mieux que de faire route ensemble, si par hasard nous avons le même but. M'est-il permis de vous demander où vous allez ?

— A Avignon, faire une petite visite à Notre-Saint-Père, afin de m'instruire en voyageant. Et m'est-il loisible de savoir où vous vous dirigez ?

— Du côté de l'Espagne en passant par Bordeaux....

— Très-bien. Nous n'avons malheureusement que trois jours de route commune à faire ensemble ; ensuite nous tirerons, vous à droite, moi à gauche. Mais, jusque-là, si vous le trouvez bon, nous mettrons le temps à profit et passerons par-dessus les préliminaires de connaissances, pour nous trouver tout de suite amis. Cela vous étonne ? Que voulez-vous, je me pique d'être physionomiste, et j'ai lu sur votre visage quelque chose d'honnête et de résolu qui m'indique que vous seriez incapable d'une mauvaise action..... Eh bien ! mon ami d'hier jusqu'à dimanche, comment vous appelez-vous ?

— Marc.

— Et moi Jehan. Je suis né à Valenciennes, de simple bourgeoisie. J'ai toujours eu beaucoup de goût pour les lettres et en particulier pour les chroniques. A force d'en lire, je me suis mis en tête d'en faire ; notre époque est fertile en événements ; il n'y a qu'à choisir ; mais, pour ne rien avancer qui ne soit strictement vrai, j'ai pris la résolution de courir de château en château, de province en province, de royaume en royaume, cherchant partout des témoins véridiques pour les faits que je raconte. C'est ainsi que dans divers manuscrits que je conserve, j'ai fait le récit des guerres de Bretagne. Je me propose de recueillir plus tard des matériaux pour tous les événements contemporains de quelque importance. C'est pour cela que je voyage ; et vous, Marc ?

— Moi, répondit Marthe, mon voyage n'a qu'un but d'intérêt personnel, il vous touchera peut-être bien faiblement, et je ne sais si je dois vous en parler.

— Dites, dites toujours. »

Alors le soi-disant Marc se mit à raconter sa simple histoire sans rien omettre et sans rien changer, si ce n'est son sexe.

« Et vous prétendiez, lui dit le jeune Jehan, que cela ne m'intéresserait pas? Ce trait de dévouement fraternel, ces beaux sentiments d'André? Mais vous croyez donc que cela court les rues? Non, non, mon ami; la vertu, l'amitié, le désintéressement et l'abnégation sont excellentes choses, et bien que je ne sache pas si je saurais les pratiquer, je sais au moins les apprécier assez pour me féliciter de vous avoir rencontré. Puisque nous cheminons ensemble, vous plairait-il que je vous dise quelques pages de mes chroniques? cela vous distraira peut-être de votre chagrin.

— Bien volontiers, dit Marthe.

— Vous qui êtes de Bretagne, vous devez connaître le fameux combat des Trente?

— J'en ai ouï parler vaguement; et je sais qu'il se termina à l'honneur de notre pays; mais vous me ferez plaisir de le narrer.

— C'était en 1351, commença Jehan, sous le règne de Jean qu'on a appelé Jean le Bon, probablement parce qu'on n'a pas osé l'appeler le Mauvais et le Mal venu pour la France. La Bretagne était alors le théâtre de cette longue lutte, où Charles de Blois, soutenu par les Français, et le comte de Montfort, appuyé par les Anglais, se disputèrent pendant vingt-quatre ans la succession du duc Jean III. A cette époque se passa un fait d'armes qui mériterait d'être signalé à côté du combat, si fameux dans l'histoire romaine, des Horaces et des Curiaces.... Mais vous ne connaissez probablement pas ces noms-là? » dit Jehan en s'interrompant.

Marc fit signe que si en souriant.

« Ah! dit Jehan d'un air surpris. Eh bien, tant mieux

pour vous; je continue. Richard Bembrough, capitaine anglais, commandant la garnison de Ploërmel, portait la terreur
aux environs de cette ville. Il massacrait indistinctement tous
ceux qui lui tombaient sous la main, pour venger la mort de
quelques-uns des siens tués devant Auray. Robert de Beaumanoir, seigneur breton, l'alla trouver et lui reprocha vivement l'atrocité de sa conduite en lui disant qu'elle était une
honte pour l'humanité. Furieux de se voir blâmer sans ména-
gement, Richard insulta dans sa réponse toute la noblesse
bretonne. Beaumanoir répondit par un défi. On convint de
part et d'autre que vingt-neuf Bretons prendraient fait et
cause pour le comte, tandis que Richard se ferait accompagner
d'un nombre égal de chevaliers anglais.

» Cette grande lutte eut pour témoins tout ce que la Bretagne et l'Angleterre avaient de plus distingué.

» Les combattants étaient armés indistinctement d'épées,
de lances, de poignards, et d'une espèce de sabres courts et
recourbés dont l'usage venait d'Orient et qui ressemblaient
aux cimeterres des musulmans. Parmi les Anglais, outre
Bembrough qui les commandait et dont la réputation de bravoure était faite dès longtemps, on remarquait le vaillant
Robert Knolles, Croquart, Walton, et Hucheton de Clamaban,
qui était armé d'une faux tranchante dont tous les coups
étaient mortels. Les principaux d'entre les Bretons étaient
Beaumanoir, Jean de Tinténiac, Yves Charruel et Jean de
Montauban.

» Quand le jour désigné pour le combat fut arrivé, Bembrough et ses compagnons ouïrent dévotement la messe, puis
se firent armer, et s'en allèrent où la bataille devait avoir lieu.
Ainsi firent également les chevaliers bretons. Et, quand ils
furent l'un devant l'autre, ils parlementèrent un peu tous
les soixante, puis se retirèrent en arrière et attendirent le

signal. Sitôt qu'il fut donné, ils se coururent sus, et la bataille commença [1].

» La victoire fut longtemps disputée ; on combattit de part et d'autre avec un grand acharnement. Au milieu de l'action, Beaumanoir blessé, demanda à boire : « Beaumanoir, bois ton sang, lui cria Dubois, l'un de ses compagnons d'armes, ta soif passera ! » Et depuis lors, cette parole, qui eut l'heureux effet de ranimer le courage des Bretons, fut adoptée pour devise par la maison de Beaumanoir.

» Bembrough encourageait ses Anglais en leur promettant la victoire. Un moment après avoir parlé ainsi, il reçut un coup mortel. Croquart, qui était un soldat de fortune, prit sa place et combattit si vaillamment, qu'on s'est accordé à dire depuis que c'était lui qui, de tout son parti, s'était couvert de plus de gloire. Du côté des Bretons, la palme fut décernée au seigneur de Tinténiac. Le succès fut enfin décisif pour les Bretons, et il fut dû, en grande partie, à Jean de Montauban, qui prit les Anglais en flanc et mit le désordre dans leurs rangs.

» Au moment d'en venir aux mains, Bembrough, avait paru hésiter; il fit appeler Beaumanoir, lui dit qu'il croyait ce combat irrégulier, attendu qu'on n'avait pas demandé l'agrément des princes, et lui proposa de le remettre à une autre fois. Beaumanoir lui répondit qu'il s'avisait trop tard, et que puisqu'il avait pris la peine de venir sur le champ de bataille, il ne s'en retournerait pas sans en venir aux mains; que cependant il en allait conférer avec ses compagnons. Ceux-ci firent de l'avis de leur chef. Ainsi eut lieu cette fameuse lutte à laquelle la postérité donna le nom de *Combat des Trente.* »

Marthe avait écouté avec intérêt le récit de cet épisode

[1] Chroniques de Froissart.

guerrier; elle remercia son compagnon, et ils devisèrent ensemble comme deux bons camarades le reste du jour.

Le lendemain les deux jeunes gens se retrouvèrent et cheminèrent ensemble; mais le jour suivant ils durent se séparer.

« Puisque votre métier est de voyager, dit Marthe à son compagnon, venez nous visiter dans notre Bretagne. Si Dieu m'accorde la grâce d'y rentrer avec mon frère, je vous ferai bon accueil.

— Je vous le promets. Adieu, mon camarade, n'oubliez pas Jehan Froissart, le clerc de Valenciennes !

— Et le futur historien de notre siècle, » dit en riant Marthe qui ne savait pas dire si vrai.

Chacun partit de son côté.

Les pensées de Marthe, un peu distraites par les récits de Jehan, revinrent toutes à Julien. Elle ne voulait pas prévoir une déception cruelle pour son cœur, et se laissait aller à se figurer qu'elle le retrouvait et le ramenait sans obstacle avec elle. S'il y en avait cependant, des difficultés? Eh bien, elle les surmonterait ! Elle se sentait forte et persévérante, et pour atteindre à son but, rien ne la découragerait.

Bientôt elle eut occasion d'éprouver sa force d'âme, car il lui arriva un incident qui menaçait de clore son voyage à jamais.

XII

Marthe n'était plus très-loin de Bordeaux. C'était sa première étape. Elle devait s'y reposer quelques jours, et tâcher d'être admise en présence de du Guesclin, qui peut-être pourrait lui donner des nouvelles de son frère, ou tout au moins la guiderait par d'utiles avis. Elle avait marché tout le jour; le soir arrivait et elle avait hâte d'atteindre quelque village ou quelque hôtellerie où elle pût demander l'hospitalité. Mais, elle avait beau regarder partout, elle ne voyait que la route et des champs; aucun abri ne se présentait à ses yeux.

En ce moment elle aperçut deux hommes de mauvaise mine sur le chemin. Tous deux avaient une figure ignoble, mais dans genre différent. L'un d'eux le plus grand, portait des marques de férocité brutale auxquelles ne contribuait pas peu une énorme balafre qui lui partageait la joue comme une traînée de sang; la physionomie de l'autre présentait une sorte d'hilarité joyeuse qui l'aurait rendu moins déplaisant à voir que son camarade, s'il ne s'y était joint quelque chose d'hypocrite et de bas qui repoussait. Un peu effrayée, mais jugeant convenable de ne pas le paraître, Marthe continua sa marche en biaisant seulement un peu pour laisser toute la largeur de la route entre ces hommes et elle.

Précaution inutile ! Les deux individus qu'elle suspectait vinrent droit à elle, et le plus grand l'apostropha grossièrement pour savoir qui elle était et où elle allait.

« Je suis un pauvre colporteur, répondit Marthe en affermissant sa voix ; c'est la première année que je voyage ; je gagne ma vie en vendant du fil et des aiguilles.

— Et en as-tu déjà bien vendu ?

— Hélas non ! j'ai ma pacotille presque entière.

— Voyons-la, voyons si parmi tes fils et tes aiguilles tu n'auras pas égaré quelque bursicot.

— Ah bien oui! Vous pouvez bien regarder, mes seigneurs, vous verrez si j'ai autre chose qu'une pauvre pièce de douze sols et quelques deniers.

Marthe avait eu la précaution, en effet, de mettre un peu d'argent parmi ses objets de vente, pour dissiper les soupçons dans le cas où elle viendrait à faire une mauvaise rencontre.

« Il a dit vrai, le petit, dit le second inconnu ; il n'a que sa pacotille.

— Eh bien, dit le balafré, quoique ce ne soit pas grand chose, nous pourrons l'en décharger.

— A moins, dit l'autre.... Ecoute ! »

Et il tira à lui son compagnon, à qui il dit quelque chose tout bas. Celui-ci fit un signe d'acquiescement, après quoi le premier reprit :

« Comment t'appelles-tu ?

— Marc, pour vous servir.

— Eh bien, Marc, rends grâces à ton saint patron de nous avoir rencontrés, car nous te proposons une association dans laquelle tu pourras faire de beaux bénéfices. Tu resteras avec nous désormais. Nous sommes de joyeux compagnons ; moi surtout, j'aime à rire ! Avec nous rien ne te manquera.

— Avec vous ! s'écria Marthe épouvantée. Et que voudriez-vous faire de moi.

— Une estafette, une vedette, un poste avancé pour reconnaître l'ennemi. »

Les deux routiers se mirent à rire. « Tu ne comprends pas ? continua celui des deux qui avait la prétention d'être un loustic. Ecoute; je veux bien te donner quelques explications; après cela tu n'auras plus qu'une chose à faire : à obéir. Nous sommes, moi Italien, mon camarade Français; tous deux de vieux soldats à qui la paix a ôté tout moyen d'existence, et comme nous ne voulons pas mourir de faim et qu'il est même de notre devoir de nous conserver pour le premier capitaine qui voudra bien nous prendre à solde, nous prélevons la dîme sur ces fainéants qui restent chez eux où ils se contentent de travailler la terre et de se baisser pour ramasser les fruits qu'elle leur donne. Seulement, pour prévenir toute contestation, car nous sommes deux hommes paisibles, n'est-il pas vrai, Jacques? nous avons soin de ne demander notre dû qu'aux gens à qui il est impossible de nous rien refuser, comme, par exemple, aux femmes, aux vieillards, aux enfants. Mais il nous est arrivé parfois de nous tromper et de nous adresser à des maisons où nous croyions que tout s'arrangerait à l'amiable, lorsque tout à coup il surgissait quelque mauvais visage qu'il nous fallait, bon gré mal gré, mettre à la raison en l'envoyant dans l'autre monde. Ces sortes d'affaires font un peu de bruit; on est mal vu dans le pays, il faut déguerpir, c'est désagréable. Comme je te le disais, tu nous précéderas pour offrir ta marchandise, tu causeras, tu sauras quels sont les habitants de la maison ou du château, et nous agirons en conséquence.

— Et si je refuse, dit Marthe.

— Si tu refuses, comme j'ai la plus grande répugnance pour le sang, je te mettrai entre les mains de mon confrère.

— Lequel te tuera, dit le bandit balafré, aussi sûr que nous sommes trois maintenant et que nous ne serons plus que deux. »

Marthe lisait sur la physionomie farouche de cet homme qu'il n'hésiterait pas et qu'elle n'aurait aucun recours à attendre de personne.

Elle se résigna donc, espérant quelque bonne chance et bien résolue à la saisir.

La voyant décidée, les bandits ne s'occupèrent plus de leur nouveau compagnon, se contentant de la faire marcher à côté d'eux. Ils arrêtaient leurs plans de campagne pour les jours suivants.

Puis ils causèrent des choses du temps et se racontèrent certaines prouesses dont le récit faisait dresser les cheveux de Marthe sur sa tête.

Elle priait Dieu et la sainte Vierge de lui venir en aide et sans doute elle fut entendue, car plusieurs jours s'écoulèrent sans que les routiers eussent occasion de mal faire.

Mais un jour, Antony, qui était allé aux renseignements, revint avec une bonne nouvelle.

Une famille, composée d'un vieillard, de ses deux fils, hommes vigoureux et dans la force de l'âge, de deux brus et de plusieurs jeunes enfants, habitait dans le voisinage une maison isolée. Ils faisaient valoir eux-mêmes un petit fief qu'ils tenaient du seigneur de Riberac, et on disait qu'ils avaient su, en travaillant leurs terres, leur faire rapporter de bonnes sommes d'argent, qui remplissaient leurs coffres. En outre, la moisson avait comblé leurs greniers, et Antony avait appris que les deux jeunes gens se proposaient de con-

duire eux-mêmes leur chrrriot rempli de blé à la ville prochaine, où ils comptaient le vendre. Pour y arriver le jour
du marché et perdre le moins de temps possible, ils étaient
convenus de voyager la nuit, et ils devaient partir le jour
même, en emmenant le seul domestique mâle de la maison,
qui resterait, par conséquent, gardée par un vieillard, des
femmes et des enfants.

« Il nous sera bien facile, ajouta Antony, de faire notre
coup; seulement il y a une précaution à prendre : il faut que
l'un de nous soit reçu dans la maison et puisse introduire
l'autre cette nuit, car on m'a dit que les portes étaient si
fortes et si bien closes que le vieux Gaulteron ne craignait
pas les voleurs.

— Eh bien, dit le balafré, qui de nous ira demander l'hospitalité ? sera-ce le petit ?

— Non, non, je ne me fie pas à lui.

— Ce ne peut-être moi avec ma figure d'épouvantail; ce
sera donc toi, Antony, on ne se défiera pas de ton visage jovial.

— Allons, soit! dit Antony, j'irai; mais j'irai avec Marc.
Ce sera sa première campagne. Un vieillard, un enfant. Tu
vas voir. »

Avec une merveilleuse prestesse, l'Italien tira de son sac
une longue barbe blanche et une perruque semblable. Lorsqu'il eut mis l'une et l'autre, il passa par-dessus son vêtement une vieille casaque toute rapiécée; ensuite, sans mar-
chander il se fit une entaille à la jambe, la barbouilla de
sang et l'entoura de quelques linges. Il changea jusqu'à sa
physionomie, qui, de sournoise et patibulaire qu'elle était,
se fit inoffensive et bonasse.

La balafré fit une cabriole de joie. « Magnifique, admirable !
exclama-t-il. Il faudrait avoir un cœur de bronze pour te
refuser l'hospitalité.

— Oui, oui, j'ai toutes sortes de tours dans ma gibecière, et tu n'avais pas vu celui-là. »

Les deux bandits convinrent qu'on ne se présenterait à la maison qu'à la tombée de la nuit, pour attendre s'il se pouvait, le départ de François et de Philippe Gaulteron. Ils virent préparer la charrette et placer les sacs de blé dessus; mais les jeunes gens ne paraissaient pas, et ils ne savaient ce que cela veut dire, quand une jeune fille leur en donna l'explication en disant au domestique : « Remonte; nos maîtres ne partiront que dans deux heures, quand la lune se lèvera. Ils auront plus de temps qu'il n'en faut, ainsi que toi, pour souper et dire les prières en commun, comme notre vieux maître aime que cela soit. »

Un instant après le domestique disparut. Les routiers se consultèrent. S'ils attendaient le départ des jeunes Gaulteron, ce serait très-tard, onze heures, et il était probable qu'on les laisserait frapper sans leur ouvrir. Tandis que s'ils essayaient maintenant de se faire admettre, ils n'exciteraient pas de soupçons.

Ils en voulurent courir la chance. En conséquence, le balafré se cacha aux environs, tandis qu'Antony, tenant Marc près de lui, se dirigeait vers la maison. Chemin faisant, il eut le temps de promettre à son jeune compagnon une mort prompte et sûre s'il faisait mine de vouloir les trahir.

La pauvre Marthe ne savait ce qu'elle ferait ; seulement elle était bien décidée à n'être pas la complice des deux brigands et à prévenir leurs victimes, dût-elle y perdre la vie.

Cette résolution bien arrêtée, elle se sentit pleine de calme et de sang-froid.

Antony frappa à la porte, d'abord faiblement ; puis un peu plus fort, car on ne venait pas, et le bruit des verres et des assiettes couvrait celui qu'il faisait en heurtant.

A la fin le pas de deux personnes se fit entendre ; la porte s'ouvrit toute grande, et un jeune homme fort et robuste parut accompagné d'un domestique.

« Qui êtes-vous ? que voulez-vous ? dit-il aux étrangers.

— Dieu vous garde, messire, répondit Antony d'une voix faible et cassée ; nous sommes de pauvres marchands forains qui essayons de gagner notre vie par la campagne ; mais les temps sont si durs ! Depuis hier nous n'avons pas vendu une aiguille.... ni mangé un morceau de pain. De plus je me suis blessé la jambe en tombant, comme vous voyez, et je ne peux presque plus marcher. Quant à moi, qu'importe ! j'en ai déjà beaucoup enduré, et les vieilles gens sont habituées à souffrir, mais mon cœur saigne pour mon fils ; c'est encore presque un enfant. Faut-il qu'il commence si jeune ce rude apprentissage de la vie !

— Entrez, entrez, mon brave homme, dit le jeune Gaulteron ; il ne sera pas dit qu'un vieillard et un enfant auront frappé vainement à la porte de la maison de mon père. »

Murmurant quelques bénédictions, Antony passa devant, tenant Marthe par la main.

Philippe les fit entrer dans une vaste salle, lambrissée en chêne, et dont le milieu était occupé par une grande table qui contenait les reliefs du souper, car on était à la fin de ce repas, auquel prenaient part la famille et les serviteurs du vassal propriétaire.

Aussitôt que François Gaulteron eut expliqué à son père quels étaient ceux qu'il amenait, celui-ci d'un air plein de bonté, engagea les voyageurs à s'asseoir au bas de la table, et donna ordre à la servante de placer devant eux quelques mets, du pain et du vin. Marthe, le cœur rempli d'anxiété, put à peine y toucher, ce que son soi-disant père mit sur le compte de l'indisposition et de la faiblesse causées par un jeûne trop prolongé. Quant à lui aucun genre d'émotion n'était capable de diminuer son appétit, mais il le limita, pour soutenir son rôle de vieillard.

Quand ils eurent fini, les femmes rangèrent la table : on activa le feu en plaçant une énorme bûche dans l'immense cheminée, dont le manteau pouvait héberger douze personnes.

« Nous n'avons pas de lit à vous donner, dit ensuite Gaulteron à ses hôtes ; mais, si vous voulez vous contenter d'une botte de paille à laquelle on adjoindra pour chacun de vous une bonne couverture de laine, vous pourrez dormir dans cette salle, qui est bonne et chaude, et qui vous vaudra mieux que la grande route, car les nuits d'octobre sont déjà froides, et il fait aujourd'hui une forte bise. »

Antony se confondit en remerciements.

« Not' maître, dit en ce moment le domestique en s'avançant, puisque ce jeune garçon est malade, je peux bien lui céder mon lit, je coucherai ici avec le vieux. »

Ce n'était pas le compte d'Antony, qui répondit vivement qu'il ne se séparait de son fils.

« Eh bien, comme vous voudrez, dit Gaulteron. Nous allons à présent, suivant notre coutume de chaque soir avant de nous séparer, appeler sur nous et sur nos travaux les bénédictions de Dieu par des prières faites en commun. Après cela, mes fils, vous partirez. Allons, Berthe, nous t'attendons. C'est à la plus jeune à s'acquitter de ce devoir. Ah ! mais j'oubliais, ma pauvre enfant, que tu t'es plainte depuis ce matin d'avoir mal à la gorge. Qui est-ce qui va te remplacer dans tes fonctions ?

— Moi, dit Marthe en s'avançant modestement, si vous m'en jugez digne et si vous daignez me le permettre. Quand ma mère vivait, nous avions aussi la pieuse coutume des prières en commun dites à haute voix, et c'est moi qui les disais. J'en sais beaucoup, et de belles.

— Eh bien, dis-nous-les, mon enfant, cela nous fera plaisir. N'oublie pas surtout de recommander à la protection de Dieu et de sa sainte Mère ceux qui vont se mettre en route. »

Quand Marthe avait fait sa proposition, la satisfaction d'Antony fut évidente. « Allons, pensa-t-il, nous ferons quelque chose de ce gaillard-là. Quelle bonne invention pour inspirer la confiance à tous ces Gaulteron ! »

Chacun se mit à genoux, hors le père de famille que son grand âge excusait de rester assis, et Antony, qui prit prétexte de sa blessure à la jambe pour ne pas prendre une position incommode et qui ne lui était nullement familière. Marthe, qui avait son projet, s'arrangea de manière à pouvoir ne pas le perdre de vue. Elle dit d'abord les prières du soir; elle les fit longues et put remarquer que le bandit donnait des marques évidentes de sommeil. Sa tête baissée n'empêchait pas que Marthe ne le vît bâiller à se démancher la mâchoire. Alors, sans s'arrêter, elle commença à dire des psaumes de David qu'elle savait par cœur. Mais au lieu de s'inspirer de cette magnifique poésie, son ton devint monotone, son débit lent et sans accent. Elle n'était pas à la fin du premier psaume que l'un de ses auditeurs était profondément endormi — le vieux Gaulteron, — et qu'un autre — Antony — fermait, tantôt un œil, tantôt un autre, faisant l'impossible pour ne pas les fermer tous deux à la fois. Enfin son sommeil devint si invincible, qu'après avoir cligné lourdement des paupières elles restèrent closes.

Marthe se garda bien de changer de ton, elle était trop prudente et trop bien avisée; seulement elle eut soin d'intercaler parmi les versets quelques bons avis pour la circonstance :

« Le pécheur médite la perte du juste.... les méchants ont

tiré l'épée, tendu l'arc pour renverser l'affligé et le pauvre,
pour égorger les hommes d'un cœur droit; que leur glaive
perce leur sein; que leur arc se brise entre leurs mains.

» Un grand péril menace ceux qui sont en ce moment
réunis pour prier le Seigneur.

» Le loup s'est couvert de la peau de la brebis; il a emmené un pauvre agneau en menaçant sa vie....

» Il a dit : Livrez-moi vos trésors, car je suis le domina-
teur de la terre. »

A ce mot de trésors, Antony rouvrit vaguement les yeux.
Marthe, qui s'en aperçut, continua :

« Chantez l'Eternel, vous qui avez sa crainte; glorifiez-le,
vous tous, enfants de Jacob, et tenez-vous respectueusement
loin de lui, postérité d'Israël, parce qu'il n'a pas méprisé et
rejeté la prière du pauvre, il ne lui a pas voilé son visage,
et il a entendu le cri de sa prière. »

La respiration d'Antony avait repris sa sonorité et sa régularité.

« L'ennemi rôde par des sentiers, reprit Marthe avec un
peu plus d'assurance, et celui qui s'est introduit sous un toit
hospitalier n'attend que le départ de ses défenseurs pour livrer
à l'incendie, au meurtre et au pillage la demeure de son bien-
faiteur. »

Toute la partie jeune de l'auditoire de Marthe s'était tenue
parfaitement réveillée et n'avait pas perdu une seule de ses
paroles. La singularité des textes choisis ne pouvait manquer
son but. Le regard des fils Gaulteron était avidemment tournés
vers elle, et à ses dernières paroles ils firent un mouvement
comme pour se rapprocher d'Atony; mais Marthe les contint
aussitôt en mettant un doigt sur sa bouche, et en disant :

« Pour vaincre au dedans et au dehors, il faut unir la prudence du serpent avec le courage du lion, il faut ne témoi-

gner ni crainte ni méfiance, et trouver un prétexte pour ne pas s'absenter. »

Les jeunes gens firent un signe d'intelligence.

Alors sentant son cœur raffermi et soulagé d'un grand poids, elle continua avec enthousiasme :

« Celui qui demeure dans l'asile du Très-Haut sera en sûreté sous la protection du Dieu du ciel.

» Il dira au Seigneur : Vous êtes mon défenseur et mon refuge ; vous êtes mon Dieu, et j'espère en vous. »

Le changement de ton de Marthe, l'éclat subit de sa voix produisirent le même effet sur les deux dormeurs : ils se réveillèrent ; seulement Antony, toujours défiant et rusé, resta un bon moment encore les yeux fermés et la tête baissée, écoutant ce que disait la voix de la prière ; mais Marthe avait dit tout ce qu'elle avait à dire, et il ne put rien entendre de suspect.

« Au nom du Père, du Fils, et du Saint-Esprit, dit Marthe en terminant.

— Amen, répondit le père Gaulteron. Et maintenant, mon fils François, va atteler. »

Le jeune homme obéit et sortit avec le domestique. Après dix minutes ils rentrèrent tous deux.

« Je ne sais ce qu'a la jument, dit François, mais elle boite ; impossible de la faire marcher.

— Comment, la pauvre bête boite ? où a-t-elle donc attrapé cela ?

— Je n'en sais vraiment rien ; j'ai regardé son pied : une large coupure et du sang.

— Elle aura marché sur du verre. Allons, il vous faut remettre votre voyage ; que Jean lui mette cette nuit des compresses d'eau très-froide et salée : peut-être demain matin elle sera guérie, et vous pourrez partir.

— En ce cas, dit Philippe Gaulteron, et si Jean couche à l'écurie, son lit reste disponible, et ce jeune garçon pourrait y coucher ; il serait mieux qu'ici.

— Non, non, s'empressa de dire Marthe ; laissons, je vous prie, les choses comme elles avaient été arrangées ; je préfère coucher dans cette salle. »

En disant cela, elle lançait un regard expressif à Philippe qui n'insista pas, comprenant qu'elle avait formé quelque projet, et attendant qu'elle pût les en instruire.

En effet, Marthe voulait qu'on prît non-seulement Antony, mais encore le balafré ; et pour que celui-ci vînt se livrer, il ne fallait pas que le premier eût la moindre défiance. Elle savait bien qu'il verrait une trahison dans son consentement à coucher loin de lui, et que dans ce cas, ou il se serait enfui si on le lui avait permis, ou, si on avait tenté de l'arrêter, il aurait pu faire quelque victime dans la famille de Gaulteron.

« Nous vous laissons donc, dit celui-ci, en vous souhaitant la bonne nuit. Je vais vous envoyer par Jean des couvertures, vous vous envelopperez dedans et vous ne serez point trop mal. »

Tandis que le vieillard parlait ainsi à Antony, Marthe s'était approchée sans affectation de Philippe, et lui disait tout bas : « Enfermez-nous, et ouvrez doucement quand je frapperai. »

Sans attendre une réponse qu'elle lisait dans les regards du jeune homme, elle revint près d'Antony, qui ne s'était aperçu de rien.

On les laissa seuls. Un instant après Jean revint avec les deux couvertures. « Braves gens, leur dit-il, mon maître m'a chargé de vous prévenir qu'on va vous enfermer ici jusqu'à demain matin. C'est une coutume de la maison : on ne refuse l'hospitalité à personne ; mais, de crainte de mauvais dessein, et par mesure générale de précaution , nous rendons impossible la sortie de nuit à nos hôtes. Demain, aussitôt que le jour paraîtra, je viendrai vous ouvrir, car je partirai probablement avec nos jeunes maîtres de très-bonne heure.

— Bien, bien, dit l'Italien ; faites ce qu'on vous a commandé, mon garçon ; je n'avais certes pas le projet de bouger d'ici, et vous nous y trouverez dormant demain. »

Jean sortit et ferma la porte à la clef comme il l'avait dit. Par là il ôtait un souci à Antony, qui n'aurait peut-être pas osé se livrer au sommeil de crainte que Marthe ne sortît pour l'aller dénoncer.

Il s'enroula dans sa couverture et s'étendit près du foyer, tandis que Marthe, s'enveloppant dans la sienne, se coucha du côté de la porte.

Avant de s'endormir, Antony voulut bien lui témoigner sa satisfaction de sa conduite. « Je me défiais de toi, mon petit, lui dit-il, je m'en défiais énormément ! mais ton refus de te séparer de moi t'a réhabilité ; je vois que tu feras un bon compagnon, et c'est heureux que tu aies choisi le bon parti, car je ne suis pas tendre, et de plus je suis vindicatif en diable ; si tu m'avais joué quelque trait, j'aurais commencé par te couper la gorge pour me venger, quitte à me défendre après. »

Marthe ne put s'empêcher de frissonner à ces paroles.

« Tu ne me réponds rien ? reprit le soudard.

— Pour Dieu, laissez-moi donc dormir, dit-elle en bâillant. N'est-ce pas assez qu'on se fatigue le jour ? ne peut-on prendre un peu de repos la nuit quand par hasard on en a l'occasion ?

— C'est bon, c'est bon, mon fils, ne te fâche pas, nous allons dormir ? »

Il tint parole, car cinq minutes ne s'étaient pas écoulées qu'il ronflait.

Néanmoins Marthe attendit une demi-heure encore, feignant elle-même de dormir d'un profond sommeil.

Enfin, quand elle jugea qu'elle ne risquait plus de l'éveiller, elle se leva tout doucement. Le feu ne brillait plus à la cheminée, toute la salle était plongée dans une profonde obscurité. Marthe touchait la porte. Elle frappa trois coups très-légers. Presque aussitôt la clef tourna doucement dans la serrure, et Marthe sortit avec précaution ; la porte fut refermée sans bruit, et Marthe vit autour d'elle toute la famille, excepté les enfants et le vieillard, dont on avait voulu respecter le repos. Elle se hâta de donner à voix basse toutes les explications qu'on attendait d'elle. Il fut convenu que Jean irait au château de Riberac chercher main forte ; qu'aussitôt qu'il serait de retour avec les hommes d'armes, on s'emparerait de la personne d'Antony, et qu'on le forcerait à donner au balafré le signal par lequel celui-ci croirait pouvoir entrer dans la maison, ce qui permettrait de l'arrêter également.

La seigneurie de Riberac n'était distante que d'une lieue ; on pouvait s'y rendre par un sentier de traverse qui se trouvait derrière la maison, de sorte que le balafré n'apercevrait aucun mouvement qui pût le mettre sur ses gardes.

Quand tout fut arrangé, Marthe voulut absolument rentrer dans la chambre d'Antony ; on essaya de l'en d'étourner en lui parlant du risque qu'elle courrait au moment où ce féroce brigand se verrait découvert et traqué. Mais Marthe était vaillante et résolue ; elle déclara qu'elle ne craignait rien, et fit observer que si, comme cela se pouvait, l'Italien se réveillait et s'apercevait qu'elle n'était plus là, il se hâterait de prendre la fuite avec son compagnon.

8

Il semblait à la pauvre Marthe qu'elle serait responsable de tout le mal que ces deux hommes pourraient faire à l'avenir, si, par une crainte toute personnelle, elle faisait manquer leur arrestation.

On la réintégra donc dans sa prison volontaire, et elle remercia Dieu d'avoir permis que le sommeil d'Antony continuât jusque-là.

Mais tout ne devait pas se passer aussi facilement.

Il y avait à peine un quart d'heure que Marthe s'était recouchée, lorsque Antony préluda au réveil en se tournant et retournant plusieurs fois.

« Marc, dors-tu? hé, Marc! Est-ce que par hasard ce lazzarone m'aurait faussé compagnie? Je jure par le diable que je le retrouverai!

— A qui en avez-vous donc de crier de la sorte? dit Marthe; à peine si nous avons dormi une heure, et voilà déjà que vous interrompez mon sommeil. Moi, d'abord, j'aime à dormir, et je vous déclare que si vous voulez que je fasse société avec vous et le balafré, il faudra respecter mon goût. N'est-ce pas donc pas assez de vous bien servir le jour?

— Allons, mon petit coq, ne chante pas si haut.... quoique je ne sois pas mécontent que tu saches te mettre un peu en colère. Tu te formes. Je te prédis que tu n'auras pas passé un mois avec nous que tu seras tout le contraire de ce que tu étais il y a huit jours : un petit niais, parlant d'honnêteté et de morale, comme si la meilleure morale n'était pas d'arranger sa vie de son mieux !... Qu'est-ce que tu dis?... Rien ; il ronfle, tandis que je me donne la peine de le pérorer. La peste l'étouffe! Cette nuit ne finira pas, et je ne sais pourquoi je suis réveillé comme une nichée de souris. Si j'allais à la fenêtre voir si on aperçoit le camarade? »

Et joignant l'action à la parole, Antony se dirigea vers la

croisée et l'ouvrit doucement. Il fit entendre quelques notes qu'on eût pu croire échappées au gosier de quelque alouette trop matinale. Un sifflement lui répondit, et un colloque dont Marthe ne perdit pas un mot, s'engagea entre les deux routiers.

« Est-ce maintenant ? disait la voix du balafré.

— Non ; partie remise, répondait celle d'Antony. Il ne partent qu'à l'aube du jour ; mais du reste tout va bien, il n'y aura que des femmes avec le vieux.

— Et Marc ?

— Est avec moi et se comporte bien. Tu peux faire un somme ; mais aie soin d'être réveillé dans quelques heures, à mon appel.

— Sois tranquille, » dit le bandit en s'éloignant.

Il pouvait être minuit lorsque Marthe, qui n'avait cessé d'avoir l'oreille au guet, entendit approcher enfin ceux qu'elle regardait comme ses libérateurs.

Antony dormait, heureusement pour elle. La porte s'ouvrit, et plusieurs hommes d'armes, précédés par le fils Gaulteron et par Jean qui portait un flambeau, firent irruption dans la salle.

Au bruit de la porte, le brigand s'éveilla et fut aussitôt debout. Il n'était pas besoin de toute sa perspicacité pour qu'il reconnût qu'il était perdu, et il se soumit à son sort avec l'indifférence d'un homme familiarisé avec tous les dangers et habitué à toutes les péripéties de la vie humaine. Seulement, avant de se laisser prendre, il se souvint qu'il avait un compte à régler, et se précipita, son stylet à la main, sur Marc. Mais aussi prompt à la défense qu'Antony l'était à la vengeance, Philippe Gaulteron couvrit le jeune garçon de son corps et tint le brigand en échec jusqu'à ce que les gens d'armes s'en fussent emparés.

On lui lia solidement les mains et les pieds, et on le laissa ainsi livré aux réflexions peu agréables que sa situation pouvait lui suggérer.

Au jour naissant, les jeunes Gaulteron et les hommes d'armes rentrèrent dans la salle. Il détachèrent les liens d'Antony et lui ordonnèrent de le suivre. Arrivés au bas de l'escalier, on lui dit ce qu'on attendait de lui : on allait ouvrir la porte, et il devrait appeler son compagnon.

Antony ne se piquait ni de délicatesse ni de générosité. Il pouvait craindre qu'un refus ne rendît son sort pire ; de plus, il nourrissait contre son compagnon une sorte de rancune pour l'avoir lancé en avant et lui avoir donné ainsi le rôle le plus périlleux. Enfin, par un sentiment commun à toutes les âmes basses et viles, il se sentait un peu consolé de sa mésaventure en pensant qu'un autre la partagerait.

Tout se passa comme on l'avait espéré ; le balafré, entendant le signal, se hâta d'accourir et fut pris au piége.

Laissons le maudire l'Italien pour soulager sa bile ; et, pour en finir avec ces deux bandits, ajoutons seulement qu'ils furent emmenés sous bonne garde à Riberac, où justice en fut faite.

XIII

Marthe s'était mis sous la protection des femmes des
jeunes Gaulteron ; elle avait avoué son sexe et raconté
toute son histoire. On pense bien qu'elle ne fit qu'accroître
l'intérêt qu'on lui portait. On l'accabla de marques d'a-
mitié et de reconnaissance, auxquelles elle répondit de son
mieux, mais sans vouloir se laisser retenir plus de deux jours.

Le troisième, elle quitta cette demeure hospitalière, heureuse d'avoir détourné les désastres qui la menaçaient. Son
front s'inclina respectueusement sous la bénédiction du vieillard qu'elle avait sauvé ; elle dit adieu d'une voix et d'un
cœur émus aux deux femmes qui pleuraient ; tous lui sou-
haitaient un bon voyage, tous la suppliaient de revenir les
voir quand elle ramènerait son cher Julien.

Lorsqu'elle arriva au chemin, elle y trouva Jean avec la
charrette et le cheval. « Nos maîtres n'ont pas pu vous faire
la conduite, dit-il à Marthe ; mais ils m'ont commandé de
vous conduire jusque près de Bordeaux, afin qu'il ne vous
arrive aucun accident jusqu'à cette ville, et que vous ne
soyez point fatiguée. »

Marthe prit place sur la charrette avec son petit paquet et
sa boîte de mercerie. Elle voyagea deux jours en Guienne,

et vit enfin se dessiner à l'horizon les édifices de Bordeaux et le clocher de Saint-Michel.

« Maintenant, mon bon Jean, dit-elle à son conducteur, je vous renvoie ; nous voici tout près de la ville, et j'aime mieux marcher. Retournez-vous-en, et portez de nouveau à toute la famille l'expression de ma reconnaissance pour l'amitié et les bontés qu'on a montrées à la pauvre orpheline. »

Jean, pensant qu'en effet nul danger maintenant n'était à craindre, se laissa persuader et tourna bride.

Marthe marcha pendant une heure, absorbée par ses pensées, joyeuse à l'idée qu'elle allait revoir son seigneur, espérant parfois qu'il pourrait lui donner quelques nouvelles de son frère, contente enfin d'elle-même, et augurant bien d'un voyage où Dieu avait permis qu'elle trouvât une bonne action à faire.

Cependant elle remarquait que la ville ne paraissait pas se rapprocher ; la route faisait tant de détours, qu'elle commença à craindre d'être encore bien éloignée de son but. Elle se promit de questionner le premier voyageur qui lui inspirerait de la confiance. Un moment après elle avisa un pélerin qui, la cape baissée, marchait d'un pas à mettre bientôt une grande distance entre lui et la ville d'où il venait.

Marthe alla vers lui et le pria, d'un ton de respect qu'elle crut devoir à l'habit qu'il portait, de vouloir bien lui dire si elle était encore loin de Bordeaux.

« Qu'allez-vous faire dans cette ville ?

— Comme je n'ai aucune raison de cacher le but de mon voyage, je vous dirai que je vais trouver messire du Guesclin à Bordeaux et lui porter des compliments de madame Tiphaine son épouse.

— Du Guesclin ? Je l'ai vu il y a deux heures à peine.

— Vraiment ? Ainsi il se porte bien ? Notre-Dame d'Au-

ray en soit louée ! Croit-il qu'on se décidera à le mettre
à rançon ?

— Il a peu d'espoir depuis l'arrivée de madame Philippe de Hainaut, qui est venue pour être marraine de son
petit-fils Richard[1]. C'est une princesse française, une fille
de Jean ; elle aime les Français, et l'a bien prouvé à Calais en obtenant, à force de prières, qu'Edouard d'Angleterre, son époux, renonçât à la vengeance qu'il voulait
tirer des Calaisiens. Le chevalier du Guesclin ne peut manquer de l'intéresser, et elle demandera sa liberté à son fils,
le prince de Galles.

— Dieu vous entende, bon pèlerin ! Ce sera un beau jour
pour toute la Bretagne que celui où le plus brave de ses chevaliers lui sera rendu !

— Et c'en sera un encore plus beau pour moi, je vous
l'assure ! Mais, pour ne pas m'arrêter davantage, — car l'air
des états d'Aquitaine n'est pas sain pour moi, — je vous dirai
que, dans une petite heure, vous verrez les premières maisons de la ville. Chacun vous indiquera l'hôtel de du Guesclin ;
n'oubliez pas, quand vous le verrez, de lui dire que vous
avez rencontré *le pèlerin* et qu'il lui souhaite toutes sortes
de prospérités. »

En finissant ces mots, l'inconnu se remit en route d'un pas
qui était plutôt celui d'un soldat que d'un homme pacifique
et dont la profession comportait la douceur et l'humilité.

Marthe le regarda s'en aller, songeant à tout ce qu'il
venait de lui dire ; mais secouant soudain toute pensée étran-
gère à ses préoccupations habituelles, elle se remit en marche,
et ne tarda pas à arriver à Bordeaux, comme le pèlerin le
lui avait annoncé.

[1] Plus tard Richard II, successeur d'Edouard III.

XIV

Marthe, qui n'avait jamais vu de grandes cités, fut toute surprise et presque abasourdie de l'affluence de monde, des cris de vente des marchands et de l'animation qui régnait partout. Bordeaux était sans doute loin d'être ce qu'il est aujourd'hui ; la plupart des rues n'étaient point pavées ; excepté quelques monuments destinés à des usages publics, tels que l'hôtel de ville, l'académie, le palais des gouverneurs de la Guienne, très-peu d'habitations se distinguaient par le luxe et l'élégance ; mais Bordeaux possédait son climat doux et tempéré, si vanté par Ausone, poëte du ive siècle, qui y prit naissance, sa belle situation à l'embouchure de la Garonne dans l'Océan, ses points de vue magnifiques et ses splendides églises gothiques.

Bordeaux, qui s'était vue conquise vers l'an 55 avant Jésus-Christ par Crassus, lieutenant de Jules-César, avait été sous les Romains la capitale de l'Aquitaine. Plus tard, devenue comme presque tout le littoral de l'Océan, la proie des Anglais, ils en avaient fait la première ville parmi leurs possessions d'outre-Manche, ainsi que la résidence de leurs princes, et c'est là que le fils d'Edouard, le valeureux prince de Galles, avait amené son prisonnier.

Marthe n'eut point de peine à trouver l'hôtel assigné pour demeure à son maître. Sa qualité de Breton lui en ouvrit les portes. Il était six heures du soir quand elle fut introduite dans une chambre où un homme assis près d'une table s'occupait attentivement à étudier une carte de géographie placée devant lui et dont son doigt suivait les contours. Cet homme commençait à dépasser la moyenne de la vie, comme l'annonçait suffisamment son épaisse chevelure grisonnante ; il avait une grosse tête, de larges épaules, un cou de taureau ; tous ses membres, d'ailleurs bien proportionnés, indiquaient une force et une vigueur peu communes ; il était court et ramassé de stature ; ses traits étaient irréguliers et communs ; et néanmoins le reflet d'une intelligence puissante et d'une belle âme y brillait tellement, que non-seulement on s'habituait à sa laideur, mais qu'on arrivait quelquefois à le trouver presque beau.

Marthe s'arrêta émue sur le seuil de la porte. Au bruit que fit celle-ci en s'ouvrant, le chevalier leva la tête et, en apercevant la jeune fille, se frotta les yeux.

« Assurément, dit-il se parlant à lui-même, voici une figure bretonne. Mais qui ? Je dirais que c'est mon pauvre Julien ou sa sœur Marthe, si je n'étais certain que ce n'est ni l'un ni l'autre.

— Et cependant, dit la jeune fille en s'avançant et ployant le genoux devant son maître, c'est bien Marthe que vous avez devant vous.

— Toi, Marthe ? Je te reconnais maintenant... Depuis quand les jeunes filles courent-elles le pays ainsi déguisées ?

— Hélas ! monseigneur, quand une jeune fille, une orpheline, qui n'a pour tout bien, pour toute famille qu'un frère qu'elle a juré à sa mère mourante de protéger, sait ce frère prisonnier dans un pays étranger où il ne peut attendre

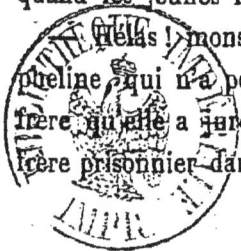

9

ni secours ni consolations, n'est-ce pas de son devoir d'oublier
les craintes et la réserve naturelles à son sexe pour chercher
à le retrouver et à le secourir ? Mon entreprise, messire, a eu
la sanction de Mme Tiphaine, ma chère bienfaitrice, et a
reçu la bénédiction du père Urbain.

— En ce cas, nous devons l'approuver comme eux. Ta
résolution est dictée par le dévouement et par l'amour fraternel. Mais explique-moi comment Julien, dont j'ai payé la
rançon à Valladolid, entre les mains d'André, n'est pas re-
tourné en Bretagne ? Un instant, avant de me dire ton histoire,
dis-moi en deux mots si ma chère dame et épouse se porte
bien et si elle t'a donné quelque message pour moi.

— Elle m'a chargée de vous rapporter ces paroles : « Dis
à mon noble Bertrand, quand tu le verras, que je conserve le
courage et la fermeté qui conviennent à la femme qu'il a
honorée de son nom ; dis-lui encore que tous les jours je prie
pour son retour. »

— Je te remercie, Marthe, dit le guerrier avec émotion ;
je sais que Tiphaine serait digne, non pas d'être la femme
d'un pauvre chevalier comme moi, mais de porter une couronne de reine. Et maintenant raconte-moi ce que tu as à
me dire. »

Marthe obéit, et redit le récit d'André et comment elle
s'était décidée à aller à la recherche de son frère qui languissait
probablement dans la prison où André l'avait laissé.

« Tu mérites de réussir, lui dit Bertrand quand elle eut
fini, et j'espère que, Dieu te venant en aide, tu réussiras.
Et es-tu venue jusqu'à Bordeaux sans rencontrer d'obstacles ?

— J'ai été arrêtée par deux malandrins qui voulaient se
servir de moi pour leurs méchantes œuvres ; mais avec la
grâce de Dieu, j'ai déjoué leurs desseins et sauvé de leurs
mains une honnête famille. Ce n'est pas tout : à quelque dis-

tance de cette ville, j'ai rencontré un singulier pèlerin qui m'a chargé de vous dire qu'il vous souhaitait mille prospérités.

— Un pèlerin, dis-tu? Jeune ou vieux?

— Jeune, brun de cheveux, d'yeux et de visage. Il m'a dit que personne, même en Bretagne, ne se réjouirait autant que lui de la cessation de votre captivité.

— Tu as rencontré, dit Bertrand en riant, Henri de Transtamare.

— Le roi de Castille! s'écria Marthe toute saisie en se rappelant la liberté de son langage.

— Lui-même! Et tu comprends qu'en me souhaitant la liberté, il pense à sa couronne. Oui, il s'est déguisé pour entrer dans la ville, me voir et me parler; mais que pouvais-je lui dire? je ne suis pas plus avancé qu'il y a quatre mois. Henri s'en retourne à Toulouse en attendant quelque occasion favorable.

— Etes-vous au moins traité ici comme vous le devez être?

— Oh! quant à cela, on me montre les plus grands égards. Le prince de Galles est un ennemi aussi noble que vaillant. J'obtiens tout de lui, hors la liberté. Il m'a donné pour demeure cet hôtel, un des plus beaux de Bordeaux; on m'y fait faire la chère d'un roi, et je doute que notre glorieux roi Charles V ait sur sa table de meilleurs morceaux que son serviteur. Chandos, Salisbury, tous ces braves chevaliers anglais se règlent sur leur maître, me viennent voir et me traitent avec courtoisie.... Mais un seul moment passé dans l'occupation où tu m'as surpris, Marthe, me fait oublier ces bons procédés.

— Comment cela, monseigneur? dit Marthe étonnée.

— Tiens, regarde cette carte; vois combien sont étendues les possessions de l'Anglais dans notre belle patrie, et s'il est possible à un cœur français de leur pardonner le dommage

qu'ils nous font ! Commence par le haut. Il y a là Calais,
qu'Edouard a attaché à sa couronne et qui en est un noble
fleuron ; Guines et le comté de Ponthieu. A côté, se trouvent
les domaines que les Anglais ont aidé le roi de Navarre à
reconquérir en Normandie. Ce traître maudit prétend, de plus,
avoir des droits sur la Bourgogne ; mais Philippe, le frère de
notre roi Charles, n'a pas pour rien le surnom de Hardi ; il
ne l'y laissera pas porter la main. Suis maintenant les côtes
de l'Océan : notre belle Bretagne a reconnu le duc Jean il y a
trois ans, et le duc a pour suzerain le roi d'Angleterre. Le
désastreux traité de Bretigny a fait Edouard maître de toute la
partie occidentale de l'Aquitaine : le Poitou, l'Aunis, la Sain-
tonge, l'Agénois, le Périgord, le Quercy, le Limousin, le
Bigorre, l'Angoumois et la Rouergue lui appartiennent. Ainsi
les plus belles provinces du Midi sont devenues le lot de
l'étranger, de l'ennemi de la France, sous la vaine réserve
d'un hommage dont la formule n'est même pas déterminée !
Et voici de ce côté la seigneurie de Montpellier, qu'il a fallu
donner à Charles le Mauvais, en échange de celles de Meulan,
de Mantes et de Longueville qu'il nous a rendues. N'y a-t-il
pas là sujet à de tristes réflexions ?.... Cependant, ajouta
du Guesclin avec une fière conviction, que Dieu prête vie à
notre noble roi Charles cinquième ! sa sagesse et son habileté
chasseront bientôt de notre beau royaume toutes ces guêpes
malfaisantes. Mais j'oublie que j'ai devant moi une petite Bretonne dont l'estomac de voyageuse doit parler haut, quoique
ses yeux brillent en m'écoutant.... Holà ! quelqu'un ! »

Un écuyer attaché à la personne de Bertrand entra, et son
maître lui donna des ordres relatifs à sa jeune vassale. Il lui
dit ensuite adieu avec bonté et l'engagea à bien se reposer
pour être en état de continuer son voyage.

XV

Le lendemain, Marthe, qui avait dormi douze heures tout
d'un somme, se présenta devant son maître pour prendre
congé de lui. Il la retint pour lui donner quelques avis et
renseignements qui pouvaient lui être utiles, et lui fit prendre
en note les noms de plusieurs personnes dont il avait eu à se
louer et dont Marthe pourrait, au besoin, réclamer en son
nom les bons offices.

Marthe avait mis le morceau de parchemin dans son corsage et prenait congé, quand la rue se remplit de bruit et
de mouvement : des cavaliers s'approchaient.

Bertrand regarda par la fenêtre, tandis que la jeune Bretonne restait immobile.

« Qu'est-ce ceci ? s'écria le chevalier ; je ne me trompe
pas, c'est le prince de Galles. Quoiqu'il me favorise de ses
visites, il n'a pas la coutume de venir si matin. Et cependant
il met pied à terre : le voilà qui entre dans l'hôtel, suivi
du vaillant Chandos..... Sors, sors donc, petite fille ; que
fais-tu là, plantée comme un terme ? Mais attends, je devine
que tu ne serais pas fâchée de voir de près un héros dont la
réputation a retenti partout. Eh bien, mets-toi dans l'embra-

sure de cette croisée; à demi cachée par ces grands rideaux,
on ne s'occupera pas de toi. »

Marthe avait à peine eu le temps de se blottir dans le coin
qui lui était indiqué, que les deux Anglais entrèrent avec une
suite de chevaliers.

La curiosité et l'intérêt de Marthe se portèrent aussitôt
sur le premier, en qui elle voyait ce fameux prince Noir dont
toute la chrétienteté s'occupait. Elle se rappelait ce que Madeline et Julienne avaient dit dans la soirée des fileuses, et
souriait en voyant le teint blanc de celui que ses jeunes compagnes avaient cru voué au diable et lui ressemblant par la
couleur.

Marthe avait devant elle un grand et beau cavalier qui paraissait âgé de trente à trente-cinq ans. Son teint rosé, ses
yeux bleus, ses cheveux d'un blond un peu roux, mais
frisés naturellement et retombant avec grâce le long de ses
joues, lui auraient peut-être donné un air efféminé, s'il
n'eut été corrigé par l'expression martiale de ses traits fins
et réguliers, par un regard brillant tantôt du feu du courage, tantôt de sagacité.

Le prince Noir s'approcha de du Guesclin, et, après avoir
échangé quelques compliments avec lui, il lui dit: « Croiriez-
vous que l'on m'accuse de vous craindre et de n'oser vous
mettre en liberté de peur de vous retrouver dans les rangs
ennemis ? c'est ma mère à qui l'on a rapporté ce propos qui
me l'a redit. »

Le chevalier breton s'inclina profondément et repondit:
« On ne peut, messire, me faire plus d'honneur que de me
croire redoutable à un prince qui se fait craindre et admirer
en tous pays.

— On se trompe, brave du Guesclin, repartit le prince
Noir, je ne connais pas la peur. J'aime et j'estime les hommes

vaillants, mais je n'en appréhende pas un seul. Pour le prouver à tout le monde, je vous mets à rançon.

— Je ne suis donc plus prisonnier, s'écria le chevalier transporté de joie, puisqu'il ne s'agit plus que d'argent ! Don Henri peut se regarder dès ce moment comme roi de Castille ; je l'en ferai couronner encore une fois, malgré tous ceux qui voudront s'y opposer. Je le jure et y engage mon honneur en votre présence, monseigneur, et en celle des nobles chevaliers que voici.

Le prince Noir répondit à cette fière parole que cela ne serait pas si aisé qu'il se l'imaginait.

« Je sais bien ce que je dis, reprit Bertrand. Quoi qu'il en en soit de ma rançon, faites-moi la grâce de vous en expliquer, et je suis prêt à la payer. Mais je vous prie de faire attention que je suis un pauvre chevalier qui n'ai de bien que ce que j'ai pu gagner dans le métier des armes.

— Noble Bertrand, répondit le prince de Galles, il ne vous en coûtera rien pour votre rançon si vous voulez me promettre que vous ne porterez jamais les armes contre moi.

— Eh quoi ! monseigneur, s'écria le chevalier d'un ton offensé, est-il possible qu'un prince qui connaît si bien les lois de l'honneur me propose une condition aussi contraire à mon devoir ? j'aimerais mieux mourir que de me déshonorer en l'acceptant ! »

Admirant la loyale fermeté de son prisonnier, le prince Noir n'insista pas sur sa proposition, et lui dit qu'il le laissait libre de fixer lui-même sa rançon.

« Cent mille florins d'or, dit Bertrand avec vivacité.

— Cent mille florins d'or ! répéta Edouard étonné ; vous m'offrez la rançon d'un prince ; il faut conserver son rang, quoique j'avoue que, pour les qualités et la noblesse de l'âme, vous valez tous les princes du monde. Non, chevalier, je ne veux pas tant.

— En ce cas, reprit du Guesclin, je me taxe à soixante et dix mille, par humilité, mais je n'en rabattrai pas une obole !

— Et ou prendrez-vous une si grosse somme ?

— J'ai des amis, et, de plus, les rois de France et de Castille ne me laisseront pas dans l'embarras. Il y a en Bretagne cent chevaliers qui vendront leurs terres pour m'acquitter, et enfin, toutes les femmes de France fileront assez dans un an pour faire ma somme.

Heureux, dit le prince, le pays qui produit des gentilshommes tels que vous, et qui sait les honorer et les apprécier comme on vous apprécie. J'accepte votre rançon, noble Bertrand, vous êtes libre dès ce moment. »

Le chevalier breton exprima toute sa reconnaissance ; et il y eut une échange de paroles courtoises qui se termina par le départ du prince anglais et de sa suite.

« Libre ! je suis libre ! s'écria du Guesclin avec ivresse aussitôt qu'il se vit seul.

— Ah ! monseigneur ! dit Marthe en s'avançant, que je sois la première à vous féliciter !

— Merci, merci, ma fille ! mon départ suivra de près le tien. Qui l'eût pu penser ? C'est la reine Philippe, sans doute, qui s'est plu à exciter la noble jalousie de son fils. Que Dieu et Notre-Dame d'Auray l'en bénissent ! »

Une heure après cette conversation, Marthe s'éloignait à grands pas de la capitale de la Guienne.

XVI

Nous ne suivrons pas jour par jour notre jeune Bretonne pendant sa longue pérégrination. Nous la retrouvons arrivant à Tolède; elle touchait à son but, guidée par son amour fraternel et soutenue par sa confiance en Dieu. Combien, dans son cœur, elle rendait grâces au P. Urbain, qui, en lui apprenant l'espagnol, avait facilité son voyage!

Elle fit choix d'une modeste hôtellerie pour s'y reposer un jour ou deux, et prendre les renseignements qui lui étaient nécessaires.

Mais quand elle demanda où était situé le château de Buen-Maja, personne ne put le lui indiquer.

Cependant elle était sûre d'avoir bien retenu le nom. Que faire? faudrait-il donc marcher à l'aventure sur les routes de Tolède?

Le lendemain de son arrivée elle parcourut les rues de la ville, qui ne lui parut pas si belle que Bordeaux. Tolède était en effet, déjà à cette époque, une vieille ville, aux ruelles étroites et sombres. D'origine phocéenne, elle reçut des Romains le titre de colonie. C'est là qu'ils réunissaient tout l'or qu'ils tiraient des mines de l'Espagne. Plus tard, les rois goths en firent leur capitale. En 714, les Arabes s'en emparèrent, et la conservèrent plus de trois cents ans, malgré de fréquentes révoltes. Ils la dotèrent de plusieurs monuments de cette architecture sarrazine si légère et si élancée, dont le palais des rois maures, l'Alcazar, restera comme le plus beau modèle. Lors du démembrement du califat de Cordoue, on forma le royaume de Tolède, qui fut conquis par Alphonse VI en 1085. Tolède devint alors la capitale de la Castille et la résidence de ses rois.

Marthe rentrait au logis avec la résolution de s'éloigner de la ville le lendemain et d'explorer tous ses environs jusqu'à ce qu'un heureux hasard la mît sur la bonne voie.

Il était tard, et déjà elle avait été obligée de demander à plusieurs passants le chemin de son hôtellerie ; elle ne s'en souvenait plus, mais ne s'en inquiétait guère, car elle portait toute sa fortune sur elle et en serait quitte pour choisir un autre gîte. Elle tâchait d'en découvrir un, malgré l'obscurité, lorsqu'elle vit deux personnes, deux hommes, couverts d'un manteau sombre, paraître à l'extrémité de la rue. Par une sorte d'instinct, Marthe se cacha dans l'enfoncement d'une porte. Les promeneurs passèrent tout près d'elle sans la voir, et s'arrêtèrent à la porte de la maison voisine. L'un d'eux prit une clef, et se disposait à ouvrir quand l'autre lui dit :

« Vous plairait-il, avant de nous séparer, d'accorder un instant d'audience à votre fidèle serviteur ?

— Quoi, Gusman, répondit son compagnon d'une voix enjouée, tu oses nous retenir ici ! Est-ce d'un bon chrétien et d'un ami dévoué ? Pourquoi ne pas me dire, pendant que nous marchions côte à côte, ce qui se balançait dans ton épais cerveau ?

— Il aurait fallu pour cela ne pas courir de manière à m'ôter la faculté de parler, avec la respiration.

— Tu es un véritable mulet, Gusman; je sais que je ne vaincrai pas ton obstination. Parle donc, et hâte-toi, si cela t'est possible, maintenant que nous sommes arrêtés.

— Je n'ai jamais hésité à vous dire la vérité, seigneur, et je ne me laisserai pas arrêter, quand votre intérêt est en jeu, par la crainte de vous déplaire. Roi Pédro, vous vous engagez de nouveau et plus avant dans la voie qui vous a perdu. Vous attaquez la religion, vous blessez la morale, vous froissez les consciences, vous protégez des actes odieux et tyranniques; chaque jour vous pressurez vos sujets par de nouveaux impôts, chaque jour le mécontement s'accroît.... Oh! ne tourmentez pas votre épée pour la tourner contre un serviteur fidèle prêt à répandre tout son sang pour vous; je vous blâme, mais je vous sers !

— Je le sais, je le sais; mais aussi, Gusman, tu abuses de l'impunité que le passé t'assure jusqu'à un certain point. L'enfant obéissait à son gouverneur, mais le jeune homme secoue les lisières que son mentor voudrait lui imposer.

— Ne songez pas à moi et à votre orgueil blessé, sire, je vous en conjure; si je vous ai offensé, punissez-moi, mais, pour Dieu ! songez à votre situation et à ces manifestations populaires que chaque jour nous sommes forcés d'éteindre dans le sang. Et c'est au moment où vous avez besoin de tous vos amis, de tous vos partisans, que vous vous plaisez à vous faire un ennemi mortel de ce Lopès, à qui sa position, ses intrigues, ses munificences parmi le peuple ont donné une certaine influence.

— Précisément: tu ne vois pas ce que ma conduite a de prudent et d'habile. En accueillant la plainte d'Inès, qui est venue jeter à mes pieds sa personne et ses trésors, j'ai ruiné Lopès. Eh bien ! son influence venant, comme tu le dis, de sa munificence, il est clair qu'en lui ôtant les moyens de semer de l'or j'anéantis cette influence. D'ailleurs, Inès avait été trompée ; elle croyait épouser un héros et se trouvait l'épouse d'un lâche qui avait acheté ses prisonniers. Inès s'est souvenue de celui qu'on appelle le Justicier.... »

Pédro en parlant voulut tourner la clef dans la serrure, mais son gouverneur le retint.

« Je n'ai pas tout dit, sire ; ce Lopès hier a quitté son château de Buen-Maja ; il est arrivé à Tolède par la porte de la Sierra, où il a eu l'art de former aussitôt un rassemblement qui a crié : Vive le roi Henri !

— On a osé ! s'écria don Pèdre avec colère.

— Les principaux émeutiers ont été arrêtés ; mais rien n'a pu être tenté sur Lopès, qui sait toujours se conduire de manière à tirer son épingle du jeu. Il ne lèvera le masque que si le lion de Bretagne arrive à être déchaîné.

— A Dieu ne plaise ! exclama involontairement le roi. Le prince de Galles est trop dans mes intérêts pour ne pas le retenir à Bordeaux.

— Ne vous y fiez pas ! souvenez-vous qu'il vous a quitté très-mécontent d'avoir vu vos promesses éludées. Enfin, pour tout vous dire, j'ai reçu avis de l'arrivée en Guyenne de la reine d'Angleterre ; vous savez comme elle est sympathique à la France et aux Français ; je crains son influence sur le prince son fils.

— Tu pourrais avoir raison : si la reine Philippe est à Bordeaux, elle nous lancera aux jambes ce boule-dogue breton. Mais comment ne m'as-tu pas donné plus tôt avis de cette importante nouvelle ?

— Eh ! pouvais-je vous voir ? Toujours occupé de vos plaisirs, ne m'aviez-vous pas consigné comme un trouble-fête, et n'est-ce pas au hasard seul que je dois la faveur de cet entretien ? Je passais dans la rue, je vous ai vu et reconnu

malgré votre déguisement, et , au risque d'être appelé *mulet* ,
je vous ai abordé.

— Quoi ! dit don Pèdre en riant, tu te souviens encore
de cela ? tu me gardes rancune ? Sur qui ferais-je passer mes
moments de méchante humeur si ce n'est sur des amis qui
n'en restent pas moins fidèles et sûrs quand ils ont éprouvé
quelque bourrasque de leur roi ? Allons, mon bon Gusman,
rentre chez toi et prépare-moi un projet de lettre à mon frère
de Galles ; annonce-lui, si tu veux, un premier envoi d'argent,
fais fumer l'encensoir devant lui et renouvelle-lui nos promesses. Et surtout, réfléchis au moyen que je devrai prendre
pour me procurer la somme qu'il faut envoyer. Appelles-en
à l'affection de mes sujets....

— Inutile, sire, dit Gusman en hochant la tête.

— Alors, appelles-en à la crainte ! dit rudement Pédro.
Adieu. »

« Notre-Dame d'Auray ! je vous remercie, dit Marthe du
fond de son cœur ; je sais maintenant de quel côté je puis
trouver Julien. »

Elle entra dans la première auberge venue, y passa la nuit,
et le lendemain , de bon matin , se mit en route , après s'être
fait indiquer la porte de la Sierra.

XVII

Quelques heures suffirent à Marthe pour arriver en vue d'un village et d'une demeure assez considérable située tout auprès, et qu'elle reconnut parfaitement d'après la description que lui en avait faite André. Ses regards se portèrent avec avidité vers la petite fenêtre grillée qu'on lui avait indiquée comme étant celle où les deux amis avaient été renfermés ; mais ce fut en vain qu'elle y chercha la tête blonde de son frère. Le cœur rempli de crainte, elle franchit la distance qui la séparait encore de la porte, et y arrivait, quand elle vit paraître un homme entre deux âges et d'une figure assez débonnaire, qu'elle soupçonna sur-le-champ être Pédrillo, le père nourricier de Lopès.

« Le seigneur Lopès est-il chez lui ? dit-elle en s'approchant.

— Que lui voulez-vous ? demanda le serviteur d'un air défiant.

— Lui donner une bonne nouvelle et obtenir de lui un renseignement que vous pourriez probablement me donner vous-même si, comme je le présume, vous êtes Pédrillo.

— Et qui êtes-vous donc, au nom du diable ! pour appeler de son nom quelqu'un qui ne vous a jamais vu ?

— Je suis le frère d'un prisonnier qui habitait là-haut, et dont vous avez, autant que possible, adouci la captivité.

— Le frère de Julien ! En effet, il y a de la ressemblance dans les traits ; j'aurais dû vous réconnaître ; et vous venez ?...

— Chercher mon frère, vous demander ce que vous en avez fait. »

Le visage de Pédrillo exprima une sorte de chagrin et de regret qui n'échappa pas à Marthe et augmenta ses angoisses, d'autant plus que, sans répondre à ses questions, Pédrillo l'entraîna dans la maison en lui disant : « Venez, venez, entrons chez Lopès ; je vois bien maintenant que vous ne lui voulez aucun mal. »

Il la précéda cependant de quelques minutes, et revint ensuite la chercher pour la faire entrer auprès de son maître.

« Quelle bonne nouvelle as-tu à me donner ? demanda Lopès dès qu'il aperçut Marthe.

— Celle-ci, répondit Marthe : Le lion de Bretagne est déchaîné, l'aigle a pris son vol.

— Dis-tu vrai, jeune garçon ? s'écria Lopès transporté de joie. Bertrand du Guesclin a-t-il en effet été rendu à la liberté ? comment le prince Noir s'est-il décidé à lâcher sa proie ?

— A ce que j'en puis croire, répondit Marthe, la noble reine d'Angleterre y est pour quelque chose, et le manque de parole de don Pédro pour beaucoup ; car le prince de Galles ne remplissait qu'avec répugnance les fonctions d'un geôlier au profit d'un roi dont il a reconnu le manque d'honneur et de foi. Quoi qu'il en soit, monseigneur Bertrand a été mis à rançon, et quand je l'ai quitté, il y a peu de temps, il allait partir pour la Bretagne, où il comptait faire sa somme et s'acquitter, après quoi il devait réunir de nouvelles troupes pour ramener en Castille Henri de Transtamare.

— Puisse-t-il bientôt reprendre possession de son trône et me venger du traître don Pèdre !

— Maintenant, dit Marthe, que j'ai satisfait à vos questions, daignez me dire ce que vous savez de mon frère.

— Ce pauvre Julien ! Ce n'est pas ma faute, mais....

— O ciel! serait-il mort ?

— Non, non, rassure-toi ; sa vie ne court aucun danger. Pédrillo va te raconter ce qui est arrivé.

— Eh bien, dit Pédrillo, vous savez qu'André paya à mon maître sa rançon et celle de son ami avec l'argent que lui remit le chevalier du Guesclin. Je pris avec André l'engagement de lui renvoyer Julien et je revins ici. Mais sitôt que Mme Inès sut que l'un de ses prisonniers lui était enlevé et que l'autre allait également être libre, elle entra en fureur et s'écria qu'elle n'entendait pas qu'on la privât de Julien qui était fort adroit à exécuter différents petits travaux qu'elle lui commandait. En conséquence, sans que j'osasse m'y opposer, elle fit partir Julien pour un autre de ses châteaux, et ne le fit revenir que lorsqu'elle fut bien sûre qu'André, abusé par elle, croyait son ami en route pour la Bretagne et allait lui-même partir pour ce pays. Mais Julien, se voyant seul, ne recevant aucune nouvelle d'André et craignant qu'il ne lui fût arrivé quelque malheur, prit la chose si fort à cœur qu'il tomba malade ; puis, à force de pleurer, et probablement le climat aidant, le pauvre garçon fut atteint d'une ophthalmie qui malheureusement se changea bientôt en cécité presque complète. »

A cette cruelle parole, la pauvre Marthe sentit son cœur se briser, elle cacha son visage dans ses mains, et des sanglots s'échappèrent de sa poitrine.

Quoique leur défaut ne fût pas d'être trop tendres, Lopès et Pédrillo se regardèrent d'un air ému.

Marthe surmonta bientôt sa douleur pour demander vivement où était son frère.

« A l'hôpital de Tolède, lui fut-il répondu ; dès qu'il n'a plus été bon à rien, Mme Inès l'y a fait transporter pour s'en débarrasser.

— Et a-t-on de ses nouvelles depuis ?

— Oui, se hâta de dire Pédrillo ; chaque fois que je vais à Tolède, je ne manque pas d'aller le voir, et pas plus tard que la semaine dernière, je l'ai visité.

— Et, demanda Marthe avec hésitation, car elle appréhendait la réponse, comment supporte-t-il son infortune ?

— Pas trop bien, dit Pédrillo. Il est tombé dans un morne découragement : il ne se plaint jamais, ne parle guère à ses compagnons de misères, s'isole le plus possible, et mange si peu, dort si mal, manifeste un si grand mépris pour tout ce qui touche à la vie, qu'il est visible que, n'osant pas, par crainte des châtiments éternels, s'ôter une existence qui lui est à charge, il cherche à la faire durer le moins possible.

— O mon pauvre Julien ! Pédrillo, voudriez-vous bien me conduire à l'hôpital ? »

Pédrillo y consentit de bon cœur, et il fut convenu qu'ils partiraient le lendemain de bon matin.

XVIII

Les pensées de Marthe furent bien tristes pendant ce trajet
de la Maja à Tolède. La première fois qu'elle l'avait parcouru,
c'était, sinon avec la joie, du moins avec l'espérance au
cœur ; et si, de crainte de quelque déception, son esprit
s'exerçait à se créer quelques obstacles, elle se représentait
son frère prisonnier ou malade, mais aveugle, jamais ! Alors
même qu'elle réussirait à le ramener dans sa Bretagne, quelle
pourrait être sa vie avec une aussi cruelle infirmité ? « Je m^e
dévouerai tout à lui, se dit-elle, je ne quitterai jamais mon
pauvre Julien ; je tâcherai de lui créer quelque occupation
qui lui fasse trouver le temps moins long ; je l'entourerai de
si bons soins et de tant d'affection, qu'il se résignera, et que,
pour l'amour de moi, il reprendra peut-être goût à la vie. »

Puis elle se demandait ce qu'elle aurait de mieux à faire
maintenant. Le voyage immédiat de Bretagne n'était pas
possible dans l'état de santé où on lui avait dit qu'était Julien ;
puis on était au mois d'octobre, les froids s'avançaient. Ce
n'était pas un grand inconvénient en Espagne, où les hivers
ressemblent aux printemps d'autres pays moins favorisés pour
le climat ; mais comment traverser toute la France ? comment
surtout passer les hautes montagnes qui séparent les deux

pays, alors qu'elles seraient couvertes de neige, et que les torrents grossis par les pluies submergeraient les vallées et intercepteraient les sentiers déjà si difficiles? Il n'y fallait pas songer; ce qu'il y avait de plus sage, c'était, pensait Marthe, de demeurer jusqu'au printemps en Espagne; peut-être du Guesclin y entrerait-il plus tôt. — Marthe ne mettait en doute ni son arrivée avec Henri de Transtamarre ni leur triomphe sur don Pédro. Alors son maître déciderait de ce qu'elle devait faire.

Une fois ses plans arrêtés, Marthe se trouva plus tranquille, et chercha à savoir si elle pouvait compter sur Pédrillo pour la servir. Elle se montra d'humeur plus communicative; car jusqu'alors, toute occupée de ses réflexions, elle répondait à peine à son compagnon, qui, découragé du peu de succès de ses tentatives d'entretien, sifflait un air en marchant.

Marthe lui parla de madame Inès; il n'en fallut pas plus pour mettre en mouvement la langue de l'honnête Pédrillo; il raconta tous les mauvais tours qu'elle avait joué à son maître, et en dernier lieu sa fuite avec tout son argent et ses bijoux pour aller les offrir au roi et se mettre sous sa protection à l'effet de faire-casser son mariage. « Maudit soit le jour où mon maître l'a vue! il vivait dans une modeste médiocrité, mais sa bonne humeur lui tenait lieu de richesses; elle a excité son ambition: il a souhaité d'être grand seigneur et a cru parvenir à ce but en épousant Inès. Depuis ce jour il a divorcé avec la joie.

— Ainsi, dit Marthe revenant à ce qui l'occupait, si cela n'avait dépendu que de don Lopès, Julien et André auraient été rendus à la liberté?

— Certainement; mais Inès ne le voulait pas; et elle savait être la maîtresse; car elle avait conservé la gouverne de ses terres et de ses châteaux, et son mari ne possédait rien en

propre que cette maison de la Maja. Cependant, comme elle
avait beaucoup d'orgueil, elle avait soin qu'il eût toujours
tout l'argent qu'il désirait à sa disposition. Il s'était vite ac-
coutumé au luxe et à toutes les commodités que procure la
fortune, et manquait de courage pour y renoncer en risquant
de mécontenter celle dont il les tenait. L'or salit facilement
la main qui le touche. Lopès n'a recouvré son énergie que
depuis qu'il a recouvré son indépendance..

— Vous comprenez, mon bon Pédrillo, que je ne compte
pas laisser mon frère un instant de plus à l'hospice, si je puis
l'emmener. Mais il n'est pas encore en état de voyager....
Croyez-vous, puis-je espérer que don Lopès daignerait nous
accorder l'hospitalité dans sa maison de la Maja ? j'ose dire
que lorsque monseigneur Bertrand reviendra en Espagne, il
songera à ses deux humbles serfs bretons et qu'il protégera
à son tour celui qui les aura protégés.

— Bien, bien ! Cette considération ne manque pas de
puissance, mais vous n'avez pas besoin de la faire valoir ;
don Lopès vous recevra et vous traitera bien.

— Vous avez du crédit auprès de lui ?

— Comment ! si j'ai du crédit ? Excepté cette folie de son
mariage, mon fils adoptif a toujours suivi mes conseils, et il
s'en est bien trouvé ; ne craignez donc rien. Nous voici arrivés
dans la ville, et tenez, ce grand bâtiment que vous voyez à
votre droite, c'est l'hôpital. Allons, ne tremblez donc pas
comme cela ! on dirait d'une femmelette plutôt que d'un
garçon courageux qui vient de faire plus de deux cents lieues
pour son frère. »

Quand ils arrivèrent à l'hospice, Pédrillo quitta Marthe
en lui recommandant de l'attendre. Dix minutes après, il
était de retour.

« Cela n'a souffert aucune difficulté, dit-il, comme c'est

moi qui ai amené Julien, on me le rend; entrez donc, on va vous conduire; j'ai quelques courses à faire à Tolède. Dans une heure je viendrai vous reprendre tous deux. Si Julien ne peut pas marcher, nous trouverons une mule, et au besoin, une carriole pour lui. »

Marthe serra la main de Pédrillo sans pouvoir lui répondre, mais son regard lui peignit toute sa reconnaissance.

XIX

Quand un infirmier ouvrit à Marthe la porte de la salle où elle devait retrouver son frère, un triste spectacle s'offrit à elle.

Un banc en bois régnait tout autour de la chambre; sur ce banc, une vingtaine de jeunes infirmes, objet d'un traitement spécial, étaient assis. Leurs yeux étaient plus ou moins gravement atteints; quand ils les perdaient tout à fait, on les faisait passer dans une autre salle où se trouvaient les aveugles incurables. On pouvait remarquer que, quand ils en arrivaient là, il ne leur fallait pas bien longtemps pour recouvrer l'équilibre de leur humeur. La salle des aveugles était claire et visitée par le soleil, elle retentissait parfois de joyeux éclats de rire amenés par quelque gai quolibet. La salle des malades atteints d'ophthalmie présentait un aspect tout contraire. Bien qu'on eût pu croire que le bandeau qui couvrait leurs yeux suffisait à les garantir d'une clarté dangereuse, le jour était encore assombri par des jalousies baissées et par des rideaux d'une couleur foncée; de sorte que le voyant qui entrait dans la salle pouvait, au premier abord, se croire tout à coup aussi aveugle que ceux qu'il venait voir. Avec l'obscurité, le silence régnait : les jeunes infirmes, réunis par petits groupes sur le banc, se taisaient, ou si de temps en temps une parole venait rompre la monotonie de leur situation, ils la prononçaient à voix basse, comme s'ils n'eussent osé éveiller aucun bruit dans cette vaste pièce vouée à la tristesse. Parfois ils tressaillaient à un subit éclat de voix qui se faisait entendre chez leurs voisins les aveugles, et alors un profond soupir s'échappait de leurs poitrines. Tant il est vrai qu'on se résigne plus facilement à un mal certain qu'à celui qu'on appréhende !

Quand les yeux de Marthe furent un peu habitués à l'obscurité, son regard avide chercha son frère et ne put le rencontrer. Un second examen plus lent le lui fit enfin découvrir.

Julien s'était placé au bout du banc et au bas de la salle, de manière à s'isoler complétement de ses compagnons d'infortune ; il ne portait pas de bandeau comme eux ; mais hélas! ses yeux étaient fermés et entièrement privés de lumière ; et si on ne l'avait pas encore fait passer dans l'autre salle depuis huit jours qu'il en était ainsi, c'est qu'il ne l'avait pas demandé et qu'on l'avait oublié.

Une morne apathie se peignait sur son visage, et ses traits étaient tellement changés par la maigreur et la souffrance, qu'il fallait pour le reconnaître, les yeux et le cœur de Marthe.

Quand elle vit ainsi celui qu'elle aimait d'une si tendre affection, le courage de la pauvre fille s'évanouit pour un instant ; elle cacha sa tête dans ses mains et pleura silencieusement. Mais après ce tribut payé à une si juste douleur, une fervente invocation au Consolateur des affligés la rendit maîtresse de son émotion, et elle s'avança légèrement vers son frère et s'assit près de lui.

Ce qu'on perd d'un côté, on l'acquiert d'un autre, et un sens qui vous manque rend les autres plus subtils. L'ouïe de

Julien distingua le mouvement qui amenait une personne sur son banc et près de lui, et il parut vouloir s'éloigner davantage; mais il était à l'extrémité du banc; il resta donc, et son visage, où s'était peinte une nuance de contrariété, reprit la première immobilité d'expression.

Marthe, se rapprochant encore de lui, saisit sa main et la pressa fortement dans les siennes.

A ce contact, Julien se tourna vers elle avec un étonnement qui peu à peu se changea en agitation. De la main qu'il avait libre, il toucha le vêtement de Marthe, et reconnaissant la veste bretonne, il s'écria faiblement : « André, André, est-ce toi ?

— Ce n'est pas André, mon cher Julien, » répondit Marthe d'une voix basse et qu'elle essayait de déguiser pour éviter une trop vive commotion à son frère...

A ses premier accents, Julien se mit à trembler. A son tour il lui serra la main avec force, comme s'il eût craint qu'elle ne lui échappât, et d'une voix inarticulée il murmura : « Mon Dieu ! si c'est un rêve, ne m'éveillez pas ! »

Marthe répondit en se jetant à son cou.

Après les premiers épanchements de leur tendresse mutuelle, Marthe parla à son frère de ses projets. Mais quand Julien l'entendit remettre à un temps indéfini leur retour en Bretagne, son visage, qui s'était illuminé de joie, changea subitement et reprit sa morne expression de découragement.

« Si je ne pars pas maintenant, dit-il à sa sœur, tu t'en retourneras seule !

— Que veux-tu dire ?

— Que le désir de respirer l'air de mon pays est devenu une maladie mortelle chez moi. O ma sœur, si tu savais ce que j'ai souffert ? mes blessures, ma captivité, ma séparation même d'avec mon cher André, les douleurs physiques et morales que j'ai ressenties de ma cécité, rien, rien n'est comparable à la torture que me fait éprouver cet ardent désir. Sans cesse mon imagination me représente notre village, le paysage qui l'environne, le soleil qui l'éclaire, notre chaumière où je t'attendais, où je te voyais entrer avec tant de joie quand tu venais t'asseoir près de moi et me raconter des histoires; ensuite le manoir où j'ai appris le noble métier des armes: tout, tout se déroule devant moi comme par l'effet d'un mirage; et lorsque, éperdu, haletant, je veux toucher ce qu'il me semble posséder, je me frappe aux murs d'une prison, et au lieu des senteurs parfumées de ma chère Bretagne, je respire l'air de l'exil. Marthe, Marthe, si tu as pitié de moi, emmène-moi, car j'étouffe, je meurs! »

Comme un faible enfant, Julien sanglotait en embrassant sa sœur et en l'implorant.

Marthe était très-embarrassée. Son frère lui paraissait incapable de soutenir la moindre fatigue; d'un autre côté elle ne se sentait pas la force de lui résister. « Ecoute, lui dit-elle, écoute; mais calme-toi d'abord, mon Julien; ne sais-tu pas que je ferais tout au monde pour toi? Si tu le veux absolument, nous partirons; oui, je te le promets, dans très-peu de temps; mais permets-moi de parler au médecin de l'hospice, de prendre son avis.

— Tu le peux, dit Julien avec la vivacité que donne un espoir prêt à se réaliser. Il m'avait condamné, et depuis plusieurs jours il ne s'occupe plus de moi. Il aimera autant m'envoyer mourir ailleurs. Justement, voici l'heure de ses visites; je l'entends qui parle dans la salle des aveugles, ici tout près; il va venir. »

Julien ne se trompait pas. Un instant plus tard, le médecin entrait.

Marthe se leva, alla au-devant de lui et lui demanda la

permission de l'arrêter un moment. C'était un homme brusque
mais bon et qui ne manquait pas de savoir. Il passa sa main
sur ses yeux pour cacher l'attendrissement que lui causait ce
jeune garçon venu de si loin pour chercher son frère et le re-
trouvant aveugle.

« Emmenez-le ; le plus tôt sera le mieux. Si vous ne fussiez
pas venu, il n'avait pas huit jours de vie. Sa maladie est la
nostalgie ou le mal du pays ; il n'y a qu'un remède à ce mal,
c'est de retourner aux lieux qu'on regrette. Qu'il parte sur-
le-champ, et il est sauvé. Mais ne lui parlez ni de retards ni
d'attente, il n'en supporterait plus. Ne craignez pas sa faiblesse, vous le verrez mieux portant et plus fort à mesure
qu'il aura fait plus de chemin pour se rapprocher de son but. »

Marthe remercia, et dit qu'ils partiraient le lendemain.

« Pas avant de m'avoir revu, dit le médecin ; je veux vous
présenter à ma femme, et vous déjeunerez avec nous. »

Il s'éloigna en disant ces mots, et Marthe courut rejoindre
son frère qui attendait avec impatience le résultat de la délibé-
ration.

Quand il sut qu'elle était conforme à ce qu'il espérait, il se
livra à la joie la plus vive. Elle n'était pas encore calmée
quand Pédrillo arriva. Il parut stupéfait à la vue du changement qui s'était fait en Julien. « Quoi, dit-il, il parle, notre
jeune soldat ! Et puis, ces joues rouges, cet air de contentement.... Ah ! c'est un fameux topique que la présence d'un
frère ! »

— Oui, Pédrillo, répondit Julien ; cela et encore autre
chose. Nous retournons en Bretagne.

— Au printemps ?

— Tout de suite, dès demain ; le médecin l'ordonne, je
le désire, mon frère se soumet. Oui, demain, à cette heure-ci,
je me serai déjà rapproché de mon cher pays. Rien que

cette espérance m'a donné une nouvelle vie; je respire mieux. Mais, mon cher Pédrillo, ne croyez pas que je n'ai aucune peine à quitter ceux qui ont été bons pour moi, et vous êtes du nombre, vous qui ne m'aviez pas oublié, qui veniez sans cesse voir le pauvre aveugle et lui recommander la patience et la résignation. Je n'en manquerai plus maintenant; je me soumettrai à mon sort, je ne murmurerai plus, pourvu que Dieu me rende ma Bretagne et ne me sépare jamais de ma.... de mon frère.

— Et aujourd'hui, qu'allez-vous faire ?

— Je vais conduire Julien à l'hôtellerie, dit Marthe, nous y coucherons, et demain matin nous nous mettrons en route.

— En ce cas, partons; c'est moi qui vous traite et régale, je veux que vous vous souveniez du dernier dîner que vous ferez à Tolède. »

La bonne humeur de Julien ne se démentit pas de tout le jour; sa sœur tâchait de se mettre à l'unisson; mais combien de fois, en regardant la figure de son frère et ces yeux privés de regard, un soupir et un poignant regret ne vinrent-ils pas démentir son enjouement factice !

Pédrillo repartit pour la Maja après d'affectueux adieux; il avait forcé Marthe à accepter quelque argent pour leur voyage quoiqu'elle assurât en avoir assez. En effet, elle n'avait dépensé qu'une des pièces d'or que lui avait remises madame Tiphaine; elle se mit à coudre l'argent de Pédrillo dans la doublure de son vêtement, et passa la soirée à raconter à son frère tout ce qui lui était arrivé depuis un mois. Après ce récit, dont Julien ne lui permit pas d'omettre le plus petit détail, ils évoquèrent l'un et l'autre de plus lointains souvenirs; et ils auraient volontiers passé toute la nuit dans une conversation si intéressante, si Marthe ne se fût souvenue à temps qu'il était bon que Julien se reposât et passât au moins une bonne nuit avant de commencer son fatigant voyage.

Le lendemain, elle aida son frère à s'habiller et l'emmena chez le médecin qui demeurait à l'hospice.

Elle trouva avec lui une jeune dame qui les reçut avec toutes sortes de marques de sympathie. Pendant qu'on préparait le repas, elle demanda à Marthe de lui raconter son histoire, ce que celle-ci fit aussitôt, sans rien déguiser. En entendant qu'elle était une femme, la vive Espagnole se leva et courut l'embrasser et lui faire mille caresses.

Après le déjeuner, elle fit apporter des vêtements simples mais de bonne qualité, et d'excellentes chaussures qu'elle avait fait chercher pour ses protégés. Elle voulut absolument y ajouter cinq florins en or; et enfin elle remit à Marthe, qui le reçut comme un don précieux, un petit reliquaire contenant un fragment d'os de saint Léandre, archevêque de Séville et ami de saint Grégoire.

Le médecin tenait aussi son cadeau en réserve. Il donna à Marthe une fiole remplie d'une liqueur vermeille. « Tenez, lui dit-il en la lui remettant, prenez ceci, et quand votre frère sera fatigué, faites-lui en boire quelques gorgées; cela lui remontera l'esprit et le corps. »

X X

Le frère et la sœur commençaient leur voyage sous d'heureux auspices et en rendaient grâces à la Providence. Le
pronostic du médecin se vérifia, car la santé de Julien, au
lieu de souffrir des fatigues de la route, se remettait de jour
en jour. Malheureusement, l'état de son esprit fut bientôt en
sens inverse, et son infirmité, dont il s'était peu occupé les
premiers jours, et dont il ne s'était pas plaint tant qu'il avait
été absorbé par le mal du pays, lui inspira les pensées les
plus tristes. Il faut dire aussi que ce pauvre Julien marchait
bien péniblement. A chaque instant, malgré les peines infinies
que se donnait Marthe, il trébuchait sur une petite pierre,
sur le plus léger obstacle. L'appréhension qu'il avait le rendait
encore plus maladroit. La route se faisait lentement, et Marthe
voyait avec crainte la mauvaise saison s'avancer. Quelquefois
elle avait la bonne fortune de rencontrer quelque charretier
qui, moyennant une légère rétribution, les prenait sur sa
voiture et les menait pendant quelques lieues; mais cela n'arrivait pas souvent. Marthe avait voulu se charger du petit
paquet; elle ne laissait porter à Julien que la fiole d'élixir
qui lui fut d'un grand secours et lui fit bénir plusieurs fois la
prévoyance du bon médecin de Tolède à qui ils la devaient.

Quand Julien voulait l'en faire boire, elle avait toujours quelque prétexte pour s'en défendre. Attentive à toutes les impressions de son frère, elle le distrayait par ses récits, le calmait par ses bonnes paroles, le soutenait par son courage. Quand rien ne réussissait, elle tenait en réserve un dernier moyen : elle chantait des chansons bretonnes de sa voix douce et un peu grave, et, peu à peu, elle avait la satisfaction de voir le front de Julien se rasséréner et un demi-sourire se dessiner sur ses lèvres.

Comme elle s'ingéniait à lui prouver qu'il trouverait encore de bons côtés à son existence ! Comme elle lui promettait de ne jamais le quitter ! Comme son cœur lui donnait de l'esprit !

« Vois-tu, mon Julien, disait-elle, nous nous retirerons dans notre ancienne demeure, à nous deux. Nous ferons réparer notre chaumière, car nous avons de l'or, nous y serons établis bien à l'aise. Tu la connais si bien, ainsi que le petit jardin qui est derrière, que je parie que tu n'auras pas du tout besoin de moi pour parcourir nos domaines. Te rappelles-tu comme le soleil y brille, et comme nous y sentions de bonnes odeurs de bruyères et de romarin ? Nous n'y serons pas sans occupations. Je crois que, quoique privé du secours de tes yeux, tu pourras faire du filet ; tu y es si adroit ! Puis je ne vois pas pourquoi tu ne m'aideras pas quand il s'agira de donner un coup de pioche au jardin. Ensuite on viendra nous voir ; notre ami André ne nous oubliera pas ; il causera avec toi de choses de bataille et de guerre qui t'intéressent, car moi je ne suis qu'une simple fille et j'ignore tout cela. Le pere Urbain, de son côté, ne nous oubliera pas non plus ; il est si bon ! il nous porte un intérêt si charitable !

— Oui, dit Julien, en effet, il faudra de la charité pour vouloir bien s'occuper d'un pauvre aveugle, d'un être devenu si inutile sur la terre, et qui sera désormais dépendant de tout le monde.

— Qu'oses-tu dire? Tant que le Seigneur nous laisse la vie, c'est que nous avons encore une tâche à remplir. Toi, Julien, tu serviras d'exemple et d'édification ; tu ramèneras peut-être au bien quelque pauvre âme qui apprendra de toi à souffrir avec résignation. Si tu n'as plus les yeux du corps, peut-être aussi Dieu te dédommagera en te donnant une vue intérieure plus étendue. On dit que ceux qui sont affligés de la cécité corporelle en voient d'autant mieux les choses célestes, que, pour les consoler, ils ont parfois de claires visions du paradis avant leur mort. D'ailleurs, qui dit qu'une fois dans notre chère Bretagne, loin de ce climat dévorant qui a causé ton mal, tu ne pourras pas guérir? Où, les meilleurs mires [1] ne peuvent rien, la main divine n'est-elle pas toute puissante? Jésus-Christ n'a-t-il pas dit à l'aveugle de Jéricho : « Voyez ; votre foi vous a sauvé. » Nous demanderons l'intercession de notre bonne Dame d'Auray, nous la tourmenterons tant qu'elle fera un miracle en notre faveur! »

C'est par ces discours et d'autres semblables que Marthe rappelait le courage de son frère et tâchait de le réconcilier avec son sort.

Pour faciliter sa marche, elle eut l'idée d'aller devant lui en lui faisant tenir le bout d'une longue baguette dont elle tenait l'autre extrémité et avec laquelle elle le guidait. De cette manière, tout en marchant, elle écartait avec soin tous les petits obstacles que les pas de Julien aurait pu rencontrer. Jamais cette sœur affectionnée, cette courageuse enfant, n'eut un instant de défaillance dans son œuvre de dévouement. Pourvu que Julien ne fût pas trop triste, pourvu qu'il voulût

[1] Médecins.

bien quelquefois entrer dans ses projets d'avenir, elle se trouvait amplement récompensée.

Ils arrivèrent ainsi dans la Navarre espagnole et sans qu'il leur fût rien arrivé de fâcheux.

Un matin, Marthe remarqua que, contre l'ordinaire, la route qu'ils parcouraient était fréquentée par quelques voyageurs ; elle observa, de plus, que ces voyageurs consistaient surtout en femmes, en vieillards, en enfants. Elle fit part de cette remarque à Julien ; ils en conclurent qu'ils étaient proches d'un endroit qu'on allait voir ou qu'on revenait de visiter.

La curiosité allait leur faire adresser la parole à une femme qui venait au-devant d'eux, portant une petite fille toute pâle et malingre, quand un moine à l'air vénérable les dépassa en jetant un coup d'œil de leur côté. Ayant vu l'état de Julien, il s'arrêta, et dit avec bienveillance à Marthe : « C'est pour votre frère, sans doute, que vous faites le pèlerinage.

— Quel pèlerinage mon père ? répondit la jeune fille : nous sommes de simples voyageurs, des étrangers; nous venons déjà de loin, et ignorons complétement si cette route, que nous suivons pour gagner la frontière, mène à des lieux sanctifiés.

— Ce chemin, mon enfant, conduit au tombeau de saint Egidius, dont le corps est enfermé dans une caverne située au bord du lac des Apôtres, où il passa plusieurs années à déplorer ses fautes. Les affligés, les malades, les infirmes vont l'implorer pour recouvrer la guérison de l'âme et celle du corps; et en vous voyant avec ce pauvre jeune homme aveugle, j'ai cru que vous alliez demander une faveur pour lui. Saint Egidius a déjà fait bien des miracles, et vous auriez grand tort de passer à deux lieues du lieu où il repose sans y faire une prière pour vous attirer sa protection.

— A Dieu ne plaise, dit Marthe, que nous nous rendions coupables de cette irrévérence ! N'est-ce pas, Julien ? Et, si, comme je le pense, vous vous dirigez de ce côté, bon père, vous nous permettrez peut-être de faire route avec vous ?

— Sûrement, mon enfant. Tous les ans je viens ici en pèlerinage. Non pas que j'aie à demander au saint la guérison de quelque infirmité corporelle; mais, quand on jouit d'une bonne santé, on doit montrer tout autant de dévotion que quand on est malade; et c'est une des faiblesses et ingratitudes de notre nature de ne pas savoir aussi bien remercier que nous savons demander.

— Ce saint Egidius, mon père, était de ce pays ?

— Il était Portugais. Si vous désirez connaître sa légende, je vous la dirai, et pour faire oublier à votre frère la longueur de la route, je pourrais y ajouter celle du lac des Apôtres.

Marthe et Julien ayant témoigné que cela leur ferait grand plaisir, le moine commença en ces termes :

XXI

Egidius était le fils unique d'un grand seigneur qui vivait dans le siècle dernier, à la cour de don Sanche, roi de Portugal. Il donna dès son enfance des marques d'un génie extraordinaire. Envoyé plus tard dans une université célèbre, il y fit des études très-fortes et se décida à entrer dans les ordres. Malheureusement, il n'était pas guidé dans ce choix par des motifs pieux, mais seulement par un désir ardent et profane de s'instruire, désir qu'il lui semblait plus facile de satisfaire en suivant une profession qui lui donnait accès dans tous les monastères, qui, comme vous savez, sont le réceptacle de la science, puisqu'ils contiennent tous les manuscrits qui nous l'ont transmise. Bientôt il négligea tous ses devoirs, s'abandonna à une vie licencieuse et déréglée, et mit toute l'énergie de son âme, ainsi que ses dispositions brillantes et variées, au service de ses passions. Sa science profonde semblait lui donner de nouvelles ressources pour le mal. Stimulé par ces mêmes motifs, il parcourut l'Europe, et étudia la médecine, la physique, la chimie, l'astrologie. Il arriva un jour que, pendant un de ses voyages, il fut joint sur la route par un jeune homme qui lia conversation avec lui et en compagnie du-

quel il marcha le reste de la journée. Cet inconnu avait
tant de charme et de fascination dans la parole, que peu
à peu Egidius se laissa entraîner à lui accorder toute sa
confiance et à lui ouvrir son âme. Il lui avoua qu'il brû-
lait du désir d'être initié dans tous les secrets de la nature,
et ne lui cacha même pas l'audacieuse soif des plaisirs
sensuels qui le dévorait. L'étranger l'approuva, le loua, appela sa curiosité des sciences humaines un noble orgueil,
son désir des jouissances un usage licite et permis à ses
facultés. Il termina son discours en l'assurant qu'il existait
une science qui lui servirait à atteindre toutes les autres
et qui le conduirait infailliblement au but qu'il se proposait. Cette science devait lui procurer des plaisirs tels que
jamais son imagination n'avait pu les lui représenter.

» Et lorsqu'Egidius, ravi, l'eut supplié de lui nommer
cette science et de lui donner les moyens de l'acquérir,
Satan, car c'était lui, nomma la magie, et l'entraîna sur
la route de Tolède, car c'était près de cette ville que se
trouvait la société des magiciens qu'il avait formée.

» On ne découvrit pas de suite à Egidius les engage-
ments que prenaient les adeptes. Ce fut peu à peu qu'il fut
amené à l'initiation des règlements et des mystères de l'é-
cole de magie, et lorsqu'il comprit tout, il se crut trop
avancé pour reculer. Il fit donc vœu d'être esclave dévoué de Satan, et signa l'engagement d'être à lui à la vie
et à la mort.

» Pour sa récompense, son maître lui livra les secrets
de l'enfer, et le mit en possession de toutes les forces oc-
cultes et mystérieuses de la nature. Armé d'une telle puissance, il obtint bientôt la plus éclatante réputation de savoir et d'habileté. Il alla à l'université de Paris, qui était
la plus renommée, et y étonna les clercs et les docteurs

les plus illustres. En même temps il pratiquait la médecine et faisait les cures les plus miraculeuses. On ne trouvait pas moins admirables les moyens dont il se servait ; car il n'usait, pour l'ordinaire, que de simples plantes, affirmant que chacune d'elles, par l'harmonie qui existe entre le règne végétal et le règne animal, contient la guérison d'une des maladies de l'homme. Le tout, disait-il, était de les connaître.

» Orgueilleux des honneurs qu'on lui rendait, Egidius s'enfonçait de plus en plus dans les voies de la perdition, et cependant il était choisi et destiné à devenir un jour un vase d'élection et un monument vivant de la grâce de Dieu.

» Une nuit, qu'assis et entouré de ses livres il étudiait, il entendit la porte de sa chambre s'ouvrir avec un grand bruit ; il retourna la tête, et vit un homme revêtu d'une armure d'airain et monté sur un cheval noir. Cet inconnu avait quelque chose de mystérieux et de surnaturel, ses yeux étaient pleins de flammes ; il tenait à la main une lance dont il menaça Egidius en lui disant d'une voix terrible : « Change ta vie, misérable ! » Et il répéta à trois reprises : « Change ta vie ! »

» Quelque endurci qu'il fût, Egidius sentit un frisson parcourir tout son corps ; il lui sembla voir les gouffres de l'enfer ouverts devant lui et réclamant leur victime ; mais, l'instant d'après, le fantôme s'était évanoui, il passa la main sur ses yeux, se prit à rire et se dit qu'il avait été dupe d'une illusion de son imagination.

» Cependant, trois jours s'étant passés, la même apparition se renouvela, et la même voix retentissante cria à Egidius : « Change ta vie ! » Mais en même temps le cavalier poussa son cheval, qui leva son sabot d'airain comme pour écraser Egidius, tandis que le fantôme, bran-

dissant sa lance, l'en frappait au cœur. Le docteur tomba,
privé de connaissance, et quand il revint à lui, c'était
un autre-homme, le Seigneur l'avait vaincu. De cet autre
Saül il en avait fait un autre Paul. Sa blessure mysté-
rieuse, quoique fermée, avait laissé une trace qu'il conserva
toute sa vie.

L'ardeur de son repentir égala celle qu'il avait mise à
faire le mal. Il jeta au feu tous ses livres cause première de sa chûte, et revint en Espagne; il s'établit pendant quelque temps dans une sombre caverne, où il a
voulu plus tard être enterré. Là il pratiqua les pénitences
les plus rudes, trouvant qu'il ne pourrait jamais assez ma-
cérer son corps. Il ne mangeait que de l'herbe et des fruits
sauvages, ne buvait que de l'eau, ne dormait qu'appuyé
sur les pierres du rocher. Mais, réfléchissant qu'il usur-
pait encore l'estime du monde, il se décida à quitter sa
retraite pour aller confesser son crime. Il résolut de se rendre
à Valence, où le nouvel ordre des Frères prêcheurs venait de s'établir et s'occupait de fonder un couvent. Chemin faisant, à tous ceux qu'il rencontrait, le nouveau converti criait : « Je suis le docteur Egidius ; j'ai vendu
mon âme à Satan en échange de la science et de la renommée. Priez pour moi ! *Meâ culpâ, meâ culpâ, meâ
culpâ !* »

» Arrivé à Valence, il courut aussitôt se jeter aux
pieds du supérieur des frères et lui confessa toute sa vie.
Le vénérable prieur le traita avec charité et bienveillance,
et accorda à son repentir le pardon de ses fautes. De quel
poids son âme ne fut-elle pas soulagée alors ! Il entra
dans la sainte communauté, s'y distingua par sa ferveur
et sa piété, et, deux ans plus tard, il reçut les ordres
dans des sentiments d'humilité et de parfaite contrition.

» Cependant le démon, qui voyait avec rage sa proie lui échapper, lui suggérait souvent des pensées de désespoir ; il lui apparaissait pour lui rappeler son pacte, l'assurant que rien ne pouvait le rompre, et que, tant qu'il le posséderait, nulle puissance ne pourrait le soustraire à son pouvoir. Egidius reconnaissait le fatal écrit qui disparaissait soudain à ses regards. Alors il versait des larmes amères, et accourait devant l'autel, où il passait des nuits entières, prosterné et implorant le Seigneur.

» Un jour, cette pensée lui vint que la prière d'un pécheur tel que lui ne pouvait pas monter jusqu'au trône de l'Eternel, mais qu'elle y parviendrait si elle était soutenue par la Mère de miséricorde, par la douce et clémente Marie. Il se tourna vers elle et la supplia d'être son avocate auprès de son adorable Fils.

» Dès ce moment, ses tentations furent moins grandes ; il se sentit fortifié, et redoubla de zèle dans les œuvres de foi et de charité.

» Epuisé par ses souffrances physiques et morales, un jour qu'il s'était endormi aux pieds d'une image de la Vierge, il revit en songe son terrible persécuteur qui, d'une voix retentissante et horrible, lui cria : « Tiens, voici l'acte de ton servage ; je n'ai pu le retenir plus longtemps contre le gré de celle qui le demandait ; mais sache bien que je ne te l'aurais jamais rendu si je n'y eusse été forcé par le pouvoir de Marie ! »

» Egidius se réveilla tremblant, mais quelle fut sa joie quand il vit à ses pieds le fatal papier qui lui avait coûté tant de larmes ! Il en répandit encore, mais ce furent des larmes de bonheur et d'amour. Il se consacra de nouveau au culte de sa bonne Mère et vécut de longues années comme un saint. On le nomma, quelque temps après, provincial d'Espagne, et il fut regardé comme le plus grand homme de són ordre, pendant sa vie, qui s'éteignit dans la paix l'an 1265.

» Telle est la légende du saint dont nous allons visiter le tombeau, et je pourrais vous citer bien des miracles qui ont été opérés par son intercession. »

Julien avait écouté attentivement le récit du moine, son visage s'était animé. « Plaise à Dieu, dit-il à ces dernières paroles, qu'il en fasse aussi un en ma faveur ! Oh ! ce n'est pas pour moi seulement que je demanderais cette grâce, c'est aussi parce qu'elle serait la récompense d'un admirable dévouement. »

Et il serra la main de sa sœur qui se trouvait près de lui.

XXII

Avant d'aller plus loin, le moine proposa à Marthe et à Julien de faire une petite station pour se reposer et réparer leurs forces, car ils allaient prendre un sentier plus difficile à travers les montagnes.

On s'assit, et le père tira de sa besace quelques provisions qu'il obligea ses compagnons de voyage à partager avec lui. Il entretint par ses discours la bonne humeur et l'espérance de Julien, de sorte que depuis longtemps Marthe ne s'était sentie si heureuse. Avec la foi d'une âme fervente, elle-même regardait la guérison de son frère comme assurée. Elle voulut se rendre plus digne, par quelque sacrifice, de l'obtenir, et se mettant un instant à l'écart, pendant que le moine et Julien causaient ensemble, elle se déchaussa, faisant le vœu d'accomplir pieds nus son pèlerinage.

Quand elle revint, le franciscain s'aperçut de ce qu'elle venait de faire, et une exclamation allait lui échapper ; Marthe la retint sur ses lèvres par un geste suppliant et en lui montrant son frère. Le bon père comprit, se tut ; mais il regarda le ciel, et Marthe crut voir qu'il priait pour que son vœu fût agréé.

Ils allaient se lever quand ils virent arriver de leur côté

un objet qui excita leur compassion. C'était une jeune fille, presque une enfant, car elle paraissait avoir onze à douze ans, estropiée, marchant avec une béquille; une de ses mains était enveloppée de linges, et elle avait le bras en écharpe. Son visage était si pâle, ses joues si maigres, tout son corps si grêle, qu'elle inspirait la pitié. L'étonnement s'y mêlait quand on pouvait remarquer l'air de contentement imprimé aux traits de la pauvre petite et la sérénité de son front.

Une femme, sa mère sans doute, l'accompagnait. Toutes deux étaient vêtues comme deux indigentes, de baillons rapiécés et usés; ni l'une ni l'autre ne portait le moindre sac pour provisions : ce que le charitable franciscain voyant, il les appela et les engagea à manger celles qui lui restaient encore. —

« Vous avez fait, leur dit-il, d'après la parole du Seigneur qui a dit : « Ne vous mettez point en peine où vous trouverez de quoi boire et de quoi manger pour le soutien de votre vie, ni où vous aurez des vêtements pour couvrir votre corps; la vie n'est-elle pas plus que la nourriture, et le corps plus que les vêtements ? Considérez les oiseaux du ciel, ils ne sèment ni ne moissonnent, ils n'amassent rien dans les greniers, et votre Père céleste les nourrit. N'êtes-vous pas beaucoup plus excellents qu'eux ? Considérez comment croissent les lis des champs : ils ne travaillent point et ne filent point ; et cependant je vous déclare que Salomon, dans toute sa gloire, n'a jamais été vêtu comme l'un d'eux. Si donc Dieu a pris soin de vêtir de la sorte une herbe des champs qui est aujourd'hui et ne sera plus demain, combien aura-t-il plus soin de vous ! Ne vous mettez donc pas en peine, et ne dites point : Où trouverons-nous de quoi manger, de quoi boire et de quoi nous vêtir? comme font les païens qui cherchent tout cela; car votre Père sait que vous en avez

besoin. Cherchez donc premièrement le royaume et la justice
de Dieu, et toutes ces choses vous seront données comme par
surcroît. »

La petite fille écoutait, les yeux brillants d'intelligence et
de joie.

« C'est une doctrine bien consolante, dit la pauvre femme
en étouffant un soupir. Oui, nous savons que nous avons là-
haut un bon Père ; mais les épreuves paraissent dépasser
quelquefois la résignation humaine ; et sans le courage et la
patience dont cette enfant me donne l'exemple, j'aurais mur-
muré souvent !

— Racontez-nous vos misères, dit le charitable moine : on
soulage ses peines en les faisant partager, et peut-être trouverons-nous quelque moyen de venir à votre secours.

— Je suis, dit la voyageuse, la femme d'un marchand de
Soria. Nous possédions une honnête aisance ; nous avions une
enfant qui croissait, prospérait et devenait tous les jours plus
gentille, de sorte que nous nous trouvions les plus heureuses
gens du monde lorsque Henri de Transtamare, aidé du chevalier Bertrand du Guesclin, fit appel à son droit et à l'affection des Castillans. Tout gémissait sous la tyrannie de don
Pédro ; mais, s'il était haï, il était craint ; et peut-être la ville
que nous habitions lui fût-elle restée soumise, sans mon mari,
qui, profitant de l'influence que sa position et sa bonne réputation lui avaient acquise, allait partout, enflammant les
courages, et disant que c'était une honte de servir un roi qui
était l'opprobre du genre humain et que Dieu avait condamné.
Il fit si bien que toute la population de Soria prit les armes
et chassa le gouverneur et ses soldats.

» Ceux-ci ne s'en souvinrent que trop lorsque, moins
d'une année après, Pèdro fut réinstallé sur son trône !

» On avait conseillé à mon mari de sortir du royaume ;

mais il résista, disant qu'il n'avait fait que ce qui avait été fait dans toutes les villes, et que si le roi Pédro voulait chasser tous ses ennemis, la Castille se trouverait dépeuplée. Hélas! il ne devait pas tarder à se repentir de sa confiance!

» Un soir on vint nous avertir en toute hâte que des soldats étaient en route pour aller arrêter le bourgeois Michelo dans son logis. Mon mari eut le temps de réunir son argent et ce que nous avions de plus précieux dans un petit paquet, et de se cacher dans le fond d'un grand buffet qui se trouvait dans un cabinet sombre. On mit sur lui une planche qu'on assujettit tant bien que mal, de sorte qu'il était comme dans un double fond. On avait fait de petits trous à cette planche pour qu'il pût respirer, et je la couvris de quelques mauvais chiffons.

». Nous avions à peine terminé cet arrangement, que six soldats arrivèrent, conduits par un homme en qui je reconnus avec terreur Antonio, ennemi particulier de mon mari. Ils nous trouvèrent, Angela et moi, dans la chambre principale, et nous demandèrent tout aussitôt où était Michelo. Je répondis aussi indifféremment que je le pus, sans faire soupçonner la cachette de mon mari.

» Il faut interroger cette petite, dit l'un d'eux qui croyait tirer facilement la vérité de la bouche d'une enfant de onze ans. « Dis-moi, où est ton père? — Hors de votre pouvoir, répondit Angela sans se troubler. — Et toi aussi, petite vipère, tu veux nous tromper? » Et, en disant cela, le soldat grossier donna à la pauvre enfant un soufflet qui l'envoya tomber à l'autre bout de la chambre.

« Procédons à une visite, dit le chef; Michelo ne s'est pas éloigné, je le fais guetter depuis ce matin. Aussi sûr que j'existe, il est dans la maison; s'il veut en sortir, il se trouvera pris par nos camarades qui sont dans la rue; cherchons donc, et indemnisons-nous de nos peines en faisant main-basse sur le magot du bourgeois et sur tout ce qui nous conviendra. Mais, avant de sortir, assurons-nous que cette femme et son enfant ne bougeront pas d'ici. » Alors ils nous lièrent les pieds et les mains avec des cordes. Ils commencèrent leurs recherches par la chambre où nous étions ; nous les vîmes ensuite sortir. Ce fut surtout dans la boutique qu'ils passèrent le plus longtemps ; car ils cherchaient de l'argent et n'en trouvaient pas. Ils remontèrent furieux. Antonio délia la petite et lui dit : « Allons, cette fois, c'est toi qui nous conduiras, et prends garde à toi si tu ne nous fais pas trouver ton père ! »

» Comprenez-vous ce calcul odieux ? Il pensait, je le vis bien, qu'à défaut de la parole, l'émotion de la pauvre petite la trahirait si l'on approchait de l'endroit où s'était caché son père.

، » Malgré moi je laissai échapper un gémissement. Angela, qu'un des soldats tenait par la main, ne put rien me dire ; mais elle me jeta un regard où je vis toutes ses promesses ; n'est-ce pas, ma fille ?

— Oui, mère, répondit l'enfant ; je voyais bien ce que tu craignais, et je voulais te rassurer ; mais les soldats le comprirent bien aussi, et leur espérance en devint plus vive, car, partout où ils m'emmenèrent, ils ne me quittaient pas du regard. Ils ouvrirent l'armoire où je savais que mon père était caché, ils dérangèrent les linges qui couvraient la planche. Je n'eus pas l'air d'y faire attention, et je ne changeai pas de couleur ; car je n'avais pensé qu'à ce moment, et cela m'y avait préparée. Ensuite, je disais mon chapelet, cela m'occupait aussi. De temps en temps, Antonio me disait : « Est-il là ? » Mais je lui répondais : « Il est sous la main de Dieu ? » Alors je recevais des coups, mais ça m'était bien égal !

— Quand ils revinrent, continua la mère, ils étaient dou-
blement exaspérés de n'avoir trouvé ni Michelo ni notre argent. Ils s'en vengèrent en nous maltraitant. L'un d'eux
saisit ma fille, qui accourut vers moi. Je la couvris de mon
corps et tombai aux genoux des bourreaux. En ce moment
suprême le son d'une trompette se fit entendre ; un des
soldats restés dans la rue se précipita dans la chambre en
criant : « Alerte, alerte, camarades ! on pille sans nous la
maison du riche Travero, venez ! » Et il disparut, entraînant
avec lui le reste de la bande, moins Antonio, qui, ne pou-
vant se résoudre à partir sans vengeance, approcha une
torche allumée des courtines de mon lit, y mit ainsi le feu,
puis, nous saisissant, nous jeta toutes deux sur cette couche
enflammée en nous donnant des coups du poignard dont il
était armé.

» Lorsqu'il fut sorti, ma pauvre enfant, à qui je criais
de se sauver, commença à défaire les liens qui m'entouraient
encore les mains et les pieds ; elle sauta ensuite à bas du lit,
mais un cri de douleur lui échappa : les misérables lui avaient
brisé la jambe. Elle tomba à terre sans connaissance; je m'ef-
forçai de courir à son secours ; mais je perdais mon sang
par une blessure que j'avais reçue au côté, et, avant d'avoir
pu faire autre chose que relever mon enfant et me transporter
avec elle à l'autre bout de la chambre, je perdis moi-même
tout sentiment.

» Quand je revins à moi, j'étais couchée sur un peu de
paille dans une pauvre demeure, et Angela était étendue à
mes côtés. Nous avions été sauvées de l'incendie qui avait
dévoré notre maison, par un vieux mendiant et par sa femme
à qui j'avais l'habitude de porter des secours. Le hasard, ou
plutôt la Providence, avait voulu qu'ils passassent dans notre
rue au moment où les soldats en sortaient. Ils virent la fumée

qui s'échappait de la chambre par les fenêtres ouvertes, et
ils se hâtèrent de monter. Le mendiant, encore robuste, me
porta sur ses épaules, sa femme se chargea d'Angela, et ils
sortirent sans rencontrer personne ; car on savait que les
soldats de don Pédro étaient de ce côté, et la crainte qu'on
avait d'eux avait fait fermer les boutiques et éloigné tout
le monde.

Je songeai à mon mari, et je suppliai le bon Giuseppe
d'aller aux informations pour savoir ce qu'il était devenu ;
il me promit aussi d'amener un médecin pour soigner ma
pauvre Angela, qui ne se plaignait pas, mais qui souffrait
beaucoup. Quant à moi, la femme de Giuseppe avait pansé
ma blessure, qui ne présentait aucune gravité.

» Peu après que notre sauveur nous eut quittées, nous
vîmes arriver un médecin charitable qu'il nous envoyait, et
qui nous soigna de son mieux, non-seulement ce jour-là,
mais pendant plusieurs semaines, jusqu'à ce que nous pus-
sions nous passer de ses secours. Et que Dieu le bénisse ! car
il ne nous donnait pas seulement ses soins, mais voyant notre
profonde misère, il nous apportait, chaque fois qu'il venait,
quelque provision qui nous aidait à vivre.

» Giuseppe rentra le soir avec les plus tristes nouvelles. On
lui avait dit que mon mari, s'enfuyant de la maison qui brû-
lait, avait été aperçu par un des soldats qui l'avait tué.

» Ainsi, j'étais veuve, sans ressources, et avec une enfant
estropiée ! Je pleurais amèrement ; c'est elle, c'est ma fille qui
releva mon courage, qui me rappela que toute peine sup-
portée ici-bas est récompensée là-haut. Quand, au bout de
deux mois, elle put marcher assez facilement avec une béquille, je me décidai à quitter nos bons hôtes pour qui nous
étions une charge trop pesante, et à aller dans l'Aragon, où
j'ai une sœur bien établie. Voilà comment nous nous trouvons

sur cette route. Des gens qui se rendaient en pèlerinage au tombeau de saint Egidius nous ont dit que nous n'en étions pas bien éloignées, et nous nous sommes un peu détournées pour implorer son secours.

— Et vous l'obtiendrez, bonne femme, dit le moine touché de compassion. En attendant, si ces deux jeunes gens le trouvent bon, vous allez marcher de compagnie avec nous, et vous profiterez, ajouta-t-il en souriant, des secours que le bon Dieu nous fera trouver au fond de cette besace. N'ayez peur, le P. Ambrosio est connu partout.

— Ambrosio ? répéta Marthe.

— Oui ; avez-vous donc déjà entendu ce nom?

— C'était celui d'un moine, le plus cher ami de notre protecteur, le bon P. Urbain, qui nous a instruits dans la foi.

— N'était-il pas venu en Espagne ?

— Il y avait été envoyé en mission, et il fut fait prisonnier par les infidèles, dont il a été deux ans l'esclave ainsi que ce moine qui l'accompagnait.

— O mon cher Urbain! s'écria le P. Ambrosio en élevant ses mains et ses yeux vers le ciel, fidèle compagnon de ma misère et de ma captivité! souvenir vivant de ma jeunesse! c'est donc bien toi dont le nom vient, après tant d'années, frapper mon oreille! Ainsi il ne m'a pas oublié, il vous a parlé de moi ?

— Comme d'un ami, d'un frère bien-aimé, qu'il nous citait souvent comme un modèle de bonté et de charité.

— Et que fait-il? où est-il à présent, ce cher Urbain ?

— Il est le chapelain du seigneur Bertrand du Guesclin, au château de la Motte-Brooms, en Bretagne.

— S'il plaît à Dieu, j'irai lui faire une visite dans le courant de l'année; je ne voudrais pas mourir sans l'avoir revu.

— Et vous lui ferez, ainsi qu'à nous, une bien grande joie ! »

Les pèlerins avaient repris leur marche : le P. Ambrosio charmait les ennuis et la fatigue de la route en racontant sa captivité et celle de son compagnon chez les Maures. Après plusieurs stations, auxquelles les obligeaient la faiblesse d'Angela et la difficulté qu'elle avait de marcher avec sa béquille, on arriva enfin au lac des Apôtres.

Là, Marthe s'aperçut que ses pieds saignaient, déchirés par les pierres et les épines du chemin.

XXIII

Nos voyageurs étaient arrivés sur une hauteur qui, formant une espèce d'amphithéâtre, dominait un beau lac qui pouvait avoir une lieue de large sur deux lieues de long. Il était placé au centre d'une vallée verdoyante et appuyé d'un côté à une ceinture de rochers presque perpendiculaires. A l'horizon apparaissaient quelques montagnes bleuâtres dont les pentes étaient tapissées de grands bois sombres ; le ciel était pur, et l'air d'une limpidité remarquable. Un beau soleil d'automne dorait les teintes du paysage. Aux pieds de nos pèlerins, le lac se déchargeait dans un ruisseau rapide dont ils avaient suivi le contours depuis qu'ils étaient entrés dans la vallée. Un peu plus loin on voyait les ruines d'un ancien château qui devait avoir eu une certaine importance. On y distinguait encore une chapelle dont les murs, soutenus par de légers arcs-boutants qui en étaient détachés, ornés de pinacles et de sculptures, donnaient à l'édifice un air d'élégance et de légèreté. Cette chapelle offrait un abri aux pèlerins qui venaient visiter le tombeau de saint Egidius. La partie des bâtiments qui faisait face au ruisseau, était bâtie sur un roc escarpé. Sur le terrain qui avait autrefois servi de jardin, on voyait encore quelques arbres fruitiers. A quelque distance

13

étaient des chênes, des ormes et des châtaigniers qui crois-
saient solitairement et dont le tronc avait atteint une grosseur
énorme. Le reste de l'espace qui séparait les ruines de la
montagne était un tapis de frais gazons où les moutons de
quelques villages qu'on voyait suspendus aux flancs des col-
lines trouvaient leur pâture journalière. Toute cette scène
respirait un calme imposant sans être monotone. Le bassin
où reposaient les eaux transparentes du lac réfléchissant les
fleurs élégantes du nénuphar, et les arbres qui çà et là pro-
jetaient leurs branches, offrait un contraste parfait avec le
bruit du ruisseau rapide qui, s'échappant de la vallée comme
un captif de sa prison, tournait autour de la base du rocher
sur lequel étaient situées les ruines, et couvrait d'écume les
pierres et les rocs qui s'opposaient à son passage. Le même
contraste régnait entre la pelouse où étaient situées les ruines
ombragées par quelques arbres touffus, et l'escarpement des
bords qui s'élevaient à quelque distance; ces bords alternativement décorés d'une guirlande légère d'arbrisseaux, tapissés
d'une rouge bruyère, ou, plus brusques dans leurs saillies, de
granit grisâtre nuancé par les lichens et par d'autres plantes
robustes dont les racines puisent une sève suffisante dans les
crevasses des rochers les plus arides.

Enfin, dans les flancs d'un rocher abrupte, était une grotte
tapissée de mousse, et que le P. Ambrosio désigna à ses
compagnons comme ayant été la demeure du saint et lui
servant de tombeau. Un faible rayon de lumière qui s'y pro-
jetait permettait d'apercevoir un voyageur prosterné sur la
pierre qui recouvrait le saint corps.

« Attendons un instant, dit le P. Ambrosio, pour ne pas
troubler ce pèlerin dans ses dévotions. Asseyons-nous. »

Marthe se plaça auprès de Julien, à qui elle tâcha de dé-
crire le site pittoresque qui se déployait devant eux. Elle

était enthousiaste des beautés de la nature, et, comme toutes les âmes élevées, y rattachait un sentiment religieux qui contribuait à l'émouvoir et à animer sa parole. Julien l'écoutait, souriant et soupirant tout à la fois. Un regret, une espérance se partageaient son cœur.

Marthe descendit ensuite au bord du lac pour y baigner ses pieds endoloris; la petite estropiée fit comme elle. « Ne vous semble-t-il pas, disait-elle à Marthe, que cette eau douce et tiède vous fortifie ? c'est peut-être que les apôtres, qui lui ont donné leur nom, lui ont donné aussi cette vertu ! »

Marthe dit qu'elle trouvait la même chose.

Julien, qui les entendait, grâce à la limpidité de l'air, rappela au moine la promesse qu'il avait faite de raconter la légende qui se rattachait au lac, et le père s'acquitta de sa promesse.

« Il y a bien longtemps, dit-il, que ce manoir, alors debout, protégeait la contrée contre les incursions des Maures qui s'étaient emparés des pays environnants. Le comte don Sanche, qui en était le châtelain, avait pour épouse la pieuse Pélagie, dont il était aimé autant qu'il la chérissait lui-même. Déjà plusieurs fois le noble Sanche s'était rencontré avec les musulmans et leur avait fait sentir la pesanteur de son bras. Dans ses occasions, et quand son mari guerroyait, Pélagie courait se réconforter dans une chapelle qu'elle avait fait bâtir à la Vierge, et se tenait à ses pieds, priant et pleurant jusqu'à ce que son époux lui fût rendu. Un jour elle était agenouillée devant l'autel, quand un messager arriva porteur de bonnes nouvelles: don Sanche avait vaincu encore une fois les Maures et leur avait fait prisonnier six de leurs chefs.

» La joie régna dans tout le château; Pélagie, en signe de reconnaissance, suspendit un beau collier de pierres pré-

cieuses au cou de la Reine du ciel, et pendant plusieurs jours
ce ne furent que réjouissances. Mais, hélas! l'allégresse ne
dura guère, car, quinze jours après, le comte tomba dans
une embuscade et fut conduit captif au camp d'Abdérame. Ce
fut au tour des Maures de se réjouir, car don Sanche seul
les empêchait de se rendre maîtres de tout le pays. Ils jurè-
rent donc que rien ne le tirerait de leurs mains.

» Cependant Pélagie, après s'être abandonnée à la douleur,
avait repris beaucoup d'espérance par la pensée des six prisonniers qu'elle avait, et dont elle se proposait de demander
l'échange contre son mari; mais, à son grand désespoir, cet
échange fut repoussé, et Abdérame fit savoir à la châtelaine
que le lendemain son mari aurait cessé de vivre.

» A cette fatale nouvelle, la malheureuse Pélagie, la tête
perdue, le désespoir dans l'âme, s'élança dans la campagne,
et courant toujours, elle arriva aux bords de ce lac. Dans
son égarement, elle allait s'y précipiter, quand elle aperçut
tout près d'elle un vieillard vénérable couvert d'une robe antique et tenant un bâton à la main. La châtelaine se détourne
pour l'éviter et court un peu plus loin pour mettre à exécu-
tion son fatal dessein; mais là aussi un autre vieillard se présente, celui-là est appuyé sur une croix grecque; partout où
elle va, elle est arrêtée par la même vue, et, à chaque fois
les gardiens du lac, portant différents emblèmes, celui-ci une
faux, celui-là une clef, la suivent sans qu'elle s'en aperçoive,
jusqu'à ce que, épuisée de fatigue, elle s'arrête. Alors, se
réunissant autour d'elle, les douze vieillards lui disent d'une
voix douce et grave: « Pélagie, la Vierge que vous avez si
souvent implorée, nous a envoyés pour vous sauver d'un
grand crime. Repentez-vous, renvoyez les musulmans, et ne
craignez rien pour votre époux. »

» La châtelaine, revenant comme d'un songe, rentra chez

elle l'espoir dans le cœur. Elle fit appeler les chefs barbares :
« Vous êtes libres, leur dit—elle ; allez et puissiez-vous inter-
céder auprès de votre maître pour qu'il me rende mon
seigneur ! »

» Après leur départ, Pélagie fit charger sur des chariots
tout ce que le château contenait de précieux, et les envoya
au camp des Maures, avec ordre de dire que si elle survivait à
son époux, elle n'avait plus besoin de rien, parce qu'elle se
ferait mendiante et servante de tous.

» Abdérame était à peine remis de l'étonnement joyeux
qu'il avait éprouvé en voyant revenir ses compagnons d'armes,
lorsque les chariots arrivèrent avec le messager de la châtelaine. Confondu et ému, malgré sa rude nature, le jeune
Maure, qui ne manquait ni de grandeur d'âme ni de générosité, fit venir son prisonnier, l'embrassa, et lui rendit sa
liberté et ses trésors, sous la seule condition de ne plus porter
les armes contre lui.

» Et en mémoire de la vision à laquelle la comtesse avait
dû son salut, le lac prit et conserva le nom de *Lac des douze
Apôtres.*

» Et maintenant, mes enfants, que vous voilà bien re-
posés, allons visiter le tombeau du saint. »

XXIV

Le voyageur que nos pèlerins avaient aperçu avait alors
fini ses dévotions ; il était sorti de la caverne et cotoyait les bords
du lac. Eux, de leur côté, après être descendu du plateau,
se dirigèrent vers le tombeau, de sorte qu'ils ne tardèrent
pas à se rencontrer. Le voyageur solitaire, en passant, leur
jeta un regard qui glissa avec indifférence sur chacun d'eux ;
mais il n'eut pas plus tôt rencontré Angela et sa mère qui,
avec Marthe, marchaient derrière les deux hommes, qu'il
s'arrêta, cloué au sol par une émotion extraordinaire. Tout à
coup deux cris partirent à la fois : « Papa ! mon mari ! »

C'était en effet le marchand de Soria. Il raconta que l'odeur
de la fumée l'ayant fait sortir de sa cachette, il avait cherché partout sa femme et son enfant ; qu'en quittant la maison en proie aux flammes, un coup de feu avait été tiré sur
lui, mais sans l'atteindre ; que le lendemain il avait été demander à tous ses amis des nouvelles de celles qu'il avait
perdues, et que personne ne put lui en donner. Il consacra
encore huit jours à des recherches infructueuses : alors, convaincu que sa femme n'avait pu quitter Soria que pour aller
en Aragon où elle avait une sœur, il prit la route de ce
royaume ; mais, quand il arriva chez cette parente, il eut la

douleur de la voir aussi peu instruite que lui du sort de celles
qui lui étaient si chères. Il resta quelque temps à Saragosse,
espérant toujours de les y voir arriver ; enfin il eut l'idée, ne
s'en trouvant pas bien éloigné, de faire un pèlerinage au tombeau de saint Egidius.

A son tour la femme du marchand lui raconta ses tristes
aventures. Ils convinrent tous deux de retourner en Aragon,
qui était un pays tranquille gouverné par un roi ami de la
justice ; là ils s'établiraient et vivraient fort à l'aise avec l'argent que le marchand avait emporté.

On était arrivé au tombeau du saint. La caverne était fort
petite, on se divisa par fractions. Le P. Ambrosio y entra
seul, pendant que ses compagnons se promenaient au bord du
lac ; ensuite ce fut le tour du marchand. On le vit faire
étendre sa fille sur la pierre sanctifiée et rester longtemps,
ainsi que sa femme, en prières auprès d'elle. Quand ils sortirent ensemble de la caverne, leurs yeux brillaient de joie,
et leurs lèvres prononçaient des paroles de remercîments ;
car, quoique Angela se servît toujours de sa béquille, elle s'y
appuyait si légèrement et marchait si facilement, qu'on voyait
bien qu'il y avait eu un commencement de miracle.

Cette vue redoubla l'espérance de Marthe ; elle se hâta de
faire entrer son frère dans la caverne où elle le suivit, et eut
soin de le faire placer à genoux sur la pierre du tombeau.
Tous deux prosternés, le frère et la sœur implorèrent le saint
pour la guerison de Julien ; et telle était la confiance et leur
espoir, qu'en se relevant, bien que rien ne fût changé dans la
situation de Julien, sa sœur lui disait : « Oh ! cela ne paraît
pas encore, mais cela arrivera, j'en ai la confiance.

Et Julien répondait : « Oui, oui, je sens beaucoup de
chaleur, il me semble que cela me pique un peu. »

Le pèlerinage accompli, le P. Ambrosio, que ses affaires

obligeaient à retourner en Castille, dit adieu à ses compagnons
de voyage, leur promettant à tous une prochaine visite.
Marthe et son frère se disposaient aussi à dire adieu au marchand et à sa famille, quand il les prévint en leur proposant
de venir avec eux jusqu'à Saragosse, ce qui, au moins pour un
temps, diminuerait les dangers de leur voyage. Marthe, à
qui Julien s'en remit pour la décision, y consentit bien volontiers : c'était, à la vérité, le chemin le plus long pour gagner
les Pyrénées ; mais la compagnie d'un homme fort et robuste
leur procurerait une sécurité qui n'était pas à dédaigner, et
elle n'était pas fâchée que Julien pût se reposer quelques
jours à Saragosse avant de commencer le passage des Pyrénées, si difficile et si fatigant.

Elle accepta donc, et quatre jours plus tard ils arrivèrent
tous à Saragosse, où elle et Julien furent très-bien reçus et
bien traités par les parents du marchand. Après un repos de
deux jours, ils dirent adieu à leurs nouveaux amis, et se
remirent en route pour exécuter la partie la plus pénible de
leur long voyage.

XXV

Le frère et la sœur étaient engagés dans ces hautes montagnes qui forment une barrière naturelle entre la France et l'Espagne. Julien, sans oser le dire à Marthe, éprouvait un découragement d'autant plus profond qu'il s'était livré plus vivement à l'espérance. Pour l'amour d'elle, il essaya d'abord de le vaincre et affecta même de parler davantage ; mais bientôt cette contrainte lui devint tellement insupportable, qu'il cessa d'y avoir recours et s'abandonna à toute sa tristesse. Il faut l'excuser ; sa situation était réellement déplorable. Quelquefois le chemin qu'on leur avait indiqué comme devant les conduire plus promptement à la frontière, leur faisait traverser des bois épais où le pauvre Julien, malgré toute la peine que Marthe se donnait, ne pouvait passer qu'avec les plus grandes difficultés ; d'autres fois il devenait un étroit sentier bordé de précipices, et les pointes des rocs qui faisaient saillie sur le sol déchiraient les chaussures de nos voyageurs et faisaient à chaque instant trébucher le pauvre aveugle. Ou bien, c'était un ruisseau impétueux qui les arrêtait et les forçait à rétrograder ; ou encore, lorsque, après des fatigues inouïes, ils avaient atteint le sommet d'un mont, ils en voyaient un autre plus élevé, plus inaccessible, qu'il fallait

encore gravir. Ils rencontraient de temps à autre quelque
petit pâtre qui leur montrait la direction de la France, et
parfois ils étaient obligés de revenir sur leurs pas en reconnaissant qu'ils s'étaient égarés. Ces gorges profondes leur
offraient peu d'abri, et ils se trouvaient heureux quand, après
avoir marché deux jours, ils rencontraient quelque misérable
hutte, habitées par des êtres plus misérables encore, mais
qui partageaient avec eux un peu de pain noir et leur permettaient de dormir sous leur toit de chaume.

Les pauvres enfants faisaient peu de chemin ; les nuits commençaient à être bien froides ; depuis neuf jours, ils avaient
quitté la maison hospitalière de la sœur du marchand de Soria,
et ils n'avaient pas encore revu la France. Les bois dépouillés
ne leur offraient plus les fruits sauvages qui avaient contribué
à leur nourriture ; ils avaient faim, ils avaient froid. Julien
refusa de marcher plus longtemps et s'assit sur la terre durcie.
En vain Marthe essaya de relever son courage, il ne l'écoutait
plus ; sur son pâle visage la souffrance imprimait des traces si
visibles, que Marthe, si vaillante et si résolue, se sentit prête
à se livrer au découragement. Elle cessa de parler, car sa
voix l'aurait trahie ; des larmes brûlantes, qu'elle ne pouvait
retenir, coulaient avec abondance le long de ses jours. Inquiet
de ne plus l'entendre, Julien étendit la main de son côté ;
il tressaillit en sentant le visage de Marthe baigné de larmes,
et l'expression de morne apathie qui se peignait sur ses traits
fit place à un peu d'émotion.

« Tu pleures, dit-il à Marthe, et c'est moi qui suis cause
de tes souffrances ! Ah ! pourquoi m'as-tu amené jusqu'ici ?
Que ne suis-je mort à Tolède ! Tu serais maintenant en Bretagne, et tu y vivrais calme et heureuse !

— Heureuse, ô Julien, heureuse sans toi ! Jamais ! Si tu
me vois triste aujourd'hui, ce n'est pas que j'aie perdu tout

espoir, mais c'est parce que mes paroles ne savent plus te con-
vaincre. Si je te voyais plus résigné à supporter nos épreuves,
elles ne seraient plus rien pour moi. Ou si seulement Dieu
m'accordait d'être affligée à ta place, je n'aurais pas la douleur
de ne rien pouvoir pour toi ; et il me semble que, quant à
moi, dans quelque position qu'il plût à la Providence de me
placer ; si nous n'étions pas séparés, je la bénirais encore.

— Ah ! chère Marthe, c'est que tu es bien plus sage et
meilleure que moi.... Mais, continua Julien en tressaillant,
n'ai-je pas entendu un bruit ? Qu'y a-t-il là, devant nous ?

— Un fourré de bois et de broussailles.

— C'est peut-être quelque animal féroce, un loup, un
ours ; il y en a dans ces montagnes.

— Non, dit Marthe en affermissant sa voix pour rassurer
son frère quoiqu'elle fût elle-même très-inquiète ; il se serait
déjà montré, et je ne vois rien.

— Embrassons-nous, ma sœur ! si la mort est devant
nous, qu'elle nous frappe ensemble ! »

Le frère et la sœur se tenaient serrés l'un contre l'autre
quand une voix humaine, et qui n'avait rien d'effrayant, leur
adressa la parole dans un langage où le français, l'espagnol
et le latin se trouvaient mêlés, mais qu'il leur fut possible
de comprendre.

On leur demandait s'ils avaient besoin de secours.

En même temps un homme, se dégageant des branches qui
formaient un fouillis en cet endroit, parut devant eux.

Il était dans la force de l'âge et à peine couvert de grossières
étoffes ; ses traits, qui étaient fort beaux, portaient une em-
preinte fière, presque sauvage.

« Nous n'avons rien mangé depuis hier, dit Marthe.

— Venez, » dit cet homme.

Il commença à marcher rapidement ; mais se tournant et

remarquant l'infirmité de Julien, une expression de pitié parut sur son visage, il revint près du jeune aveugle et, sans rien dire, il le souleva et l'emporta sur ses bras aussi facilement qu'on aurait pu faire d'un jeune enfant.

Ils marchèrent environ un quart d'heure. Alors Marthe aperçut une hutte élevée avec assez d'art contre un rocher, de manière à ce que le roc servait de muraille d'un côté. Cette demeure se trouvait bâtie sur un plateau qu'une ingénieuse industrie avait transformé en un coin de terre cultivé ; on y avait fait venir non-seulement des herbes et des légumes, mais encore quelques fleurs. A quelques pas, une source murmurante allait former un ruisseau qui descendait dans une vallée verdoyante qu'on apercevait du plateau et qui se trouvait à l'opposé de la route par laquelle Marthe, Julien et leur protecteur inconnu arrivaient.

Marthe vit de loin une femme et plusieurs jeunes enfants à la porte de la hutte, mais à leur approche tout avait disparu.

Celui qui évidemment habitait cette demeure déposa Julien à quelques pas. Alors, s'adressant à lui et à Marthe d'un ton de dignité fière, il leur dit :

« Voici la hutte où je me suis retiré pour fuir la méchanceté des hommes ; ils se croient souillés par notre contact ; c'est pourquoi je veux vous prévenir. Si vous pensez comme eux, vous n'entrerez pas dans notre pauvre demeure ; mais tout ce que nous possédons sera mis à votre disposition, et nous vous apporterons ici à manger, à boire et des herbes sèches qui vous serviront à étendre vos membres fatigués et à prendre un repos nécessaire, pendant que nous veillerons pour que les terribles hôtes de ces parages, les ours de nos Pyrénées, ne vous fassent point de visite pendant votre sommeil.

— Et qui êtes-vous, s'écria Marthe, pour croire que nous

voudrions profiter de vos soins généreux, et que nous n'en aurions pas toute la reconnaissance que nous en devons ?

— Voyez cette marque que nous sommes astreints à porter sur nos habits, répondit l'étranger en montrant un morceau de drap écarlate figurant une patte de canard. Si nous l'oublions quand nous descendons dans la vallée, chacun a le droit de tirer sur nous comme sur une bête fauve.

— Vous êtes des Ca-goths ? dit Marthe terrifiée.

— Oui, nous faisons partie de ce misérable reste du peuple puissant qui subjugua l'Espagne et qui posséda l'Aquitaine. Ces fiers conquérants, repoussés jusque sous un autre continent, ne partirent pas tous. Quelques-uns s'étaient acclimatés dans ce pays; ils y furent constamment pourchassés, opprimés, et toujours ils y restèrent. En vain ils se soumirent aux lois, aux usages de ce peuple avec qui ils auraient voulu vivre en frères ; en vain ils se montrèrent industrieux, patients et fidèles; la haine de leurs persécuteurs subsista, et fit d'eux une misérable race de parias qu'on a nommée du nom injurieux de *caas goths*, chiens goths. Ceux d'entre nous qui veulent habiter parmi les hommes doivent se résigner à n'être traités qu'avec mépris. S'ils entrent dans une église par une autre porte que celle qui leur est assignée et qui ne sert que pour eux, cette porte est aussitôt fermée, condamnée, réputée impure. S'ils prennent de l'eau bénite, c'est un grand scandale, et ils sont passibles d'une forte amende. Les droits qui sont communs à tous n'existent pas pour nous ; ils nous sont déniés. Nous ne pouvons rien, nous ne sommes rien.

» Aussi le Ca-goth qui a le cœur fier aime mieux s'isoler avec sa famille, dont il est aimé et respecté, que de vivre avec ceux qui le regardent comme un être inférieur. Je suis venu m'établir ici ; grâce à notre industrie, nous ne manquons de rien. La chasse et la pêche nous fournissent une

nourriture suffisante, et je puis quelquefois, comme aujour-
d'hui, en faire part à de plus malheureux que moi.

— J'avais entendu dire, fit Marthe avec compassion, que
les Ca-goths étaient des lépreux et de malheureux idiots.

— Sans doute, il y en a parmi nous ; quoi de plus naturel
que les persécutions dont nous sommes l'objet, les privations,
le dénûment de toutes choses nécessaires à la vie, amènent
parfois une maladie du corps ou une infirmité de l'âme ?
mais allez dans vos nombreuses léproseries, vous y trouverez
tout autant de Francs que de Goths. »

Le paria s'était animé en faisant la description des misères
qui atteignaient sa race. Ce fut d'un ton plus calme qu'il
ajouta qu'il allait la laisser pour rentrer dans sa chaumière,
et qu'il leur apporterait dans un moment tout ce dont ils
avaient besoin.

Mais, avant qu'il fût de retour, Marthe et Julien apparurent
sur le seuil de la porte et entrèrent.

A la vue de ses hôtes, le mâle visage du Ça-goth manifesta
une vive émotion, tandis que sa femme témoignait par sa
rougeur et son air de surprise joyeuse le peu d'occasion qu'elle
avait de voir des créatures humaines autres que son mari et
ses enfants. Ceux-ci, tout d'abord, avaient caché leur visage
joufflu avec leurs petites mains potelées, mais ils ouvraient
de grands yeux qui regardaient les étrangers à travers leurs
doigts écartés.

« Soyez les bien-venus dans ma pauvre demeure, dit le
Ca-goth avec un mélange de réserve et de dignité. Que Dieu
vous récompense pour cette marque de bienveillance et de
fraternité ! »

Marthe alla vers la jeune Ca-gothe qui n'osait pas s'avancer,
lui prit la main et lui dit : « Je suis une femme comme vous,
et je voyage avec mon frère aveugle. Dieu qui vous a mis sur

notre route, continua-t-elle, ne peut vouloir qu'il y ait dans notre cœur d'autre sentiment que celui de la reconnaissance pour votre bon acccueil. Nous avons appris d'un bon prêtre qui nous a élevés que les hommes sont tous frères, tous appelés au même héritage céleste, et que ceux qui y auront le plus de part ne sont pas les plus élevés en honneurs et en richesses, mais les plus grands par leurs vertus. »

Encouragée par ces paroles, la jeune femme se montra bientôt ce qu'elle était, vive, naïve et caressante. On dressa la table sur l'esplanade; de grandes feuilles de platanes servirent d'assiettes, et de petits bâtons pointus, de fourchettes; car toutes ces inventions étaient encore trop récentes pour être à la portée des pauvres gens. Mais le quartier de chevreuil était délicieux, et les œufs que le jeune Ca-goth avait dérobés à quelque nid d'aigle auraient pu être servis sur la table d'un roi. Ils buvaient l'eau pure de la source dans des gobelets d'écorce fabriqués par le père. La joie des enfants, le plaisir visible qui se peignait dans les regards de leurs hôtes, inspiraient à Marthe une douce gaîté qu'elle savait communiquer à son frère.

La chaumière était divisée en deux pièces. Le Ca-goth et sa famille se retirèrent dans l'une, et donnèrent l'autre à leurs hôtes. On leur prépara des lits composés de matelas remplis de feuilles séchés et garnis de draps de serge; car, à cette époque, la toile était un luxe que connaissaient seuls les plus grands du royaume; elle était remplacée partout par la serge; apparemment les corps de nos aïeules étaient moins douillets que les nôtres, car nous ne lisons nulle part qu'elles se soient plaintes de ce qui serait un supplice pour nous. Il est fait mention, comme d'une rareté, des deux chemises de lin possédées par Isabeau de Bavière.

Pour revenir à nos jeunes Bretons, ils s'arrangèrent parfaitement de leurs draps de laine grossière, et ne firent qu'un somme, du soir au lendemain matin.

Ils se réveillèrent parfaitement remis de leur fatigue de la veille et disposés à continuer leur voyage.

Le Ca-goth avec sa famille les accompagna et leur servit de guide jusqu'au sommet d'une haute montagne. Alors, leur montrant alternativement deux contrées, l'une à sa droite, l'autre à sa gauche : « Voici l'Espagne, et voici la France, » leur dit-il.

Marthe sentit ses yeux se mouiller de douces larmes en revoyant le sol natal, et le pauvre Julien ne put s'empêcher de soupirer amèrement.

Les adieux furent affectueux de part et d'autre, et longtemps après s'être quittés, on se retournait encore, cherchant à s'apercevoir.

Marthe emportait des vivres pour plusieurs jours ; en revanche, elle avait laissé à son hôtesse une petite croix en or, présent de madame Tiphaine, et que la jeune femme avait reçue avec des transports de joie enfantine.

XXVI

Les voyageurs marchèrent courageusement pendant plusieurs heures, s'arrêtèrent seulement quelques minutes de temps à autre pour reprendre haleine.

« O mon cher Julien ! s'écria tout à coup Marthe, le beau spectacle ! Oh que Dieu est grand dans ses œuvres ! »

Voici ce que Marthe voyait :

La montagne sur laquelle ils avaient marché jusqu'à ce moment s'entr'ouvrait, et tout à coup, élargissant ses bords et affermissant ses bases, donnait naissance à un cirque majestueux dont le revêtement paraissait fait du marbre le plus pur. Il servait de cadre à une délicieuse petite vallée qu'il enserrait dans ses assises de granit. Dans cette vallée on distinguait un nombre infini de ruisseaux et de cascatelles qui, sortant de rochers, couraient s'épandre dans les prairies comme des rubans d'argent à la robe verte d'une jeune fille. Quelques maisonnettes, un moulin babillard, un clocher, annonçaient une petite bourgade ; à l'horizon se dressait comme un grand spectre le pic gigantesque de la Maladetta (le pic Maudit), cette fière reine des Pyrénées. Des torrents baisaient ses pieds, des forêt de sapins assombrissaient sa base, et des glaciers ceignaient son front comme

14

un diadème que le soleil faisait briller d'un incomparable éclat. Autour d'elle, comme d'humbles sujettes auprès d'une souveraine, se dressaient les hauteurs d'Albe, de Maupas et de la Glère.

Pour ajouter à la beauté de cette scène, l'atmosphère était d'une transparence profonde et pure, et les derniers rayons du soleil couchant illuminaient la cîme des montagnes, tandis qu'ils nuançaient le ciel des plus riches teintes de pourpre et d'azur.

Marthe avait proposé à son frère de s'asseoir. Elle était silencieuse et recueillie ; l'admiration mouillait ses yeux, et cette admiration était une prière et une inspiration vers Celui qui a donné à la nature, son œuvre, à la fois tant de grandeur et tant de grâce.

« Marthe, dit tout à coup Julien, le mouchoir que tu tiens entre tes mains n'est-il pas rouge ? »

Marthe tressaillit et ne répondit rien, croyant avoir mal entendu.

Julien répéta sa question avec une sorte d'impatience : « Je te demande si ce mouchoir n'est pas rouge ?

— Mais, tu y vois donc ! s'écria sa sœur. O Julien, est-ce possible, est-vrai ?

— Voici sur ta poitrine la médaille et le scapulaire que le P. Urbain t'a donnés.... Marthe ! chère Marthe, continua-t-il avec transport, j'y vois, Dieu m'a rendu la vue ?

— Loué et remercié soit-il ! dit la jeune fille en tombant à genoux avec ferveur, et Notre-Dame d'Auray et saint Egidius, qui nous sont venus en aide ! car c'est aujourd'hui le dernier jour de la neuvaine que, sans te le dire, j'avais commencée près de lui.

— Et moi aussi, j'en faisais une, Marthe.

— Quel bonheur ! ô mon cher Julien, maintenant il me

semble qu'aucun revers ne peut plus nous atteindre. Et d'ailleurs, quelle confiance ne doit-on pas nous inspirer une marque si visible de la protection divine ! Que Dieu est bon ! vois, Julien, il te rend la vue au moment où il te présente ce magnifique spectacle ! »

Et elle le fit tourner la tête, car il n'avait encore regardé qu'elle.

Julien contempla un instant ce magnifique panorama, pendant que Marthe, encore à genoux, priait et adorait. Un sentiment profond de bonheur inondait tout son être. Quand elle se releva, ce ne fut que pour se jeter dans les bras de son frère, et tous deux s'embrassèrent pleurant de joie et souriant.

« Continuons notre chemin, dit Julien ; j'irais maintenant, je crois, au bout du monde ! »

Il n'était plus question de fatigue pour Julien, ni de peines pour lui et sa sœur. Leurs cœurs étaient remplis de joie et de reconnaissance. Ils marchaient gaiement, s'entretenant du plaisir qu'ils auraient à se retrouver à la Motte-Broons, et se rappelant leurs aventures. Ils descendirent ainsi jusqu'au village situé dans la vallée : ils se trouvaient enfin sur le sol français. Ils se reposèrent une nuit, et se remirent en route le lendemain au soleil levant.

C'était Julien maintenant qui soutenait sa sœur quand elle était fatiguée, c'était lui qui l'aidait à franchir un mauvais pas ; qui s'adressait au passant pour obtenir quelque renseignement, ou à l'aubergiste pour régler les comptes.. Il avait recouvré ses droits d'homme, de frère et de protecteur, et Marthe prenait plaisir à les lui voir exercer.

Ils traversèrent la Guienne et toutes les provinces qui les séparaient de leur chère Bretagne. La route se fit sans aventure nouvelle, et avec une joie radieuse qu'on éprouve lorsque après une longue absence, on va revoir son pays.

XXVII

La neige avait couvert les champs d'un manteau d'une éclatante blancheur, quand nos deux voyageurs arrivèrent en vue du manoir qu'ils connaissaient si bien. La première personne qu'ils aperçurent, fut le P. Urbain, qui se promenait aux environs du château en lisant si attentivement son bréviaire, que ses deux élèves étaient près de lui avant qu'il les eût vus. En les reconnaissant, le bon Père fit une exclamation de joie et leva les yeux au ciel comme pour le remercier. Il reprit avec eux le chemin du château, et chemin faisant leur donna des nouvelles. Le chevalier du Guesclin, avec l'aide de quelques amis, avait envoyé au prince Noir le prix de sa rançon ; ensuite il était allé à Paris où une nouvelle armée s'était formée sous ses ordres ; enfin il avait rejoint Henri de Transtamarre, et remporté déjà plusieurs avantages avec lui sur don Pédro.

« Et André ? mon cher André ? demanda Julien ; est-il reparti avec notre seigneur ?

— Non, répondit le P. Urbain. André était à peine convalescent de sa maladie qui avait été très-grave et longue ; il dut se résigner à demeurer ; ce qui lui coûtait d'autant plus qu'il ne rêvait que de retourner en Espagne pour t'y retrouver, mon fils. Et il serait parti, malgré tout, sans son père qui est tombé subitement malade et qu'il lui a fallu soigner. Le grand Guillaume est mort avant-hier. Aujourd'hui André aurait de quoi acheter une seigneurie; car il a trouvé de grandes richesses accumulées par son père, et il est fils unique, son frère étant mort il y a quelques années dans nos guerres de Bretagne.

On arrivait au château. Marthe, cédant à son impatience, s'élança en courant sur l'escalier qui conduisait chez sa chère bienfaitrice; mais déjà, des fenêtres, une suivante avait vu le groupe dans la cour et avait répandu la bonne nouvelle, en sorte que la jeune Bretonne avait à peine monté quelques degrés, qu'elle se trouva entourée de toutes ses compagnes qui l'embrassaient et la félicitaient. Un moment après, Mme Tiphaine parut elle-même et fit mille caresses à sa protégée. Julien en reçut aussi le plus affectueux accueil; et chacun d'eux se trouva réinstallé au château et en mesure d'abréger par d'intéressants récits les plus longues veillées d'hiver.

Pour terminer le nôtre, nous ajouterons que, lorsque le brave du Guesclin eut, par la victoire de Montiel, rétabli Henri sur le trône de Castille, et cette fois à tout jamais, et qu'il rentra dans son manoir, il servit de père à Marthe dans une cérémonie qui fixait son sort.

Marthe n'avait pas le goût du mariage, et ce qu'elle aimait le plus au monde c'était son frère; mais les prières de Julien, l'espoir de lui venir plus efficacement en aide et de lui ménager un refuge en cas d'adversité, la déterminèrent à consentir à devenir la femme d'André, pour qui elle éprouvait d'ailleurs beaucoup d'estime et d'amitié.

C'est ainsi qu'elle devint à son tour dame de château; car André, grâce à sa fortune, put acquérir le fief de Kervoëk,

qui se trouvait à peu de distance de la Motte-Broons, et qui
dépendait également du seigneur du Guesclin.

L'époque de la noce, l'été de 1368, fut justement celle qui
vit arriver le P. Ambrosio pour passer quinze jours avec son
ami et compagnon d'esclavage, Urbain.

Julien suivit son maître dans les différentes guerres qu'il
entreprit et où la fortune lui sourit toujours. Bertrand fut plus
tard comblé d'honneur et nommé connétable de France par
son roi. Son fidèle écuyer était encore près de lui lorsque le
héros breton tomba malade et mourut, le 13 juillet 1380,
devant la ville de Château-Randon dont il faisait le siége. Le
gouverneur anglais qui défendait la place avait promis sa red-
dition s'il n'était secouru à un jour fixé ; ce jour étant venu,
on le somma de tenir sa parole ; ce qu'il fit en venant apporter les clefs des portes sur le cercueil du connétable, mort
la veille. C'est ainsi que ce brave et vaillant chevalier triompha
même après sa mort.

Edouard III, roi d'Angleterre, mourut en 1377, après
avoir eu la douleur de voir s'éteindre son fils, le prince de
Galles, dont un historien[1] a pu dire « qu'il laissait une mémoire immortalisée par de grands exploits, par de belles
vertus et par une vie sans tache. »

A cette époque, grâce à la sage administration de Charles V,
la France était florissante ; les Anglais avaient perdu peu à
peu toutes leurs conquêtes et ne possédaient plus que quelques
places maritimes.

Après la mort de son maître, Julien, devenu homme fait,
retourna en Bretagne vivre auprès de sa sœur.

Marthe avait eu un grand chagrin peu d'années auparavant:
elle avait vu mourir sa bien-aimée protectrice. Ce coup lui
fut bien sensible; mais le temps, faisant son office habituel,

[1] Chroniques de Froissart.

la résigna peu à peu à cette perte que la tendresse d'André et ses soins lui adoucirent.

Elle regarda surtout comme une compensation bien grande que le P. Urbain lui fît la faveur de se décider à quitter la Motte-Broons pour venir habiter le château de Kervoëk, où, à la grande joie de Marthe, il voulut bien servir de précepteur à trois beaux enfants que Dieu lui avait envoyés pour compléter son bonheur.

Julien, qui survint quelque temps après, se mêla aussi d'eux pour donner aux garçons l'éducation guerrière qu'ils ne pouvaient pas recevoir du bon moine; il s'attacha tellement à ses chers neveux, qu'il ne songea pas à former lui-même un établissement. La Providence, qui avait semé d'épreuves les premiers années du frère et de la sœur, leur réservait des jours heureux dans leur âge mûr et dans leur vieillesse; mais ce qu'ils mettaient au-dessus de tous les avantages, c'était le bonheur de vivre réunis dans la paix du foyer domestique et dans les mêmes sentiments de foi, d'affection et de dévouement.

FIN

www.ingramcontent.com/pod-product-compliance
Lightning Source LLC
Chambersburg PA
CBHW060433090426
42733CB00011B/2251